AF256337

Tatlı Anların Tarifleri
Kek Kitabı

Deniz Şahin

Dizin

buzlanma

20/8 cm'lik bir pastayı kaplamak yeterlidir.

100 g / 4 oz / 2/3 su bardağı elenmiş pudra şekeri (şekerlemeler)

25-30 ml / 1½-2 yemek kaşığı su

Birkaç damla gıda boyası (isteğe bağlı)

Şekeri bir kaseye koyun ve homojen bir kaplama elde edene kadar suyla azar azar karıştırın. İstenirse birkaç damla gıda boyası ile renklendirilir. Don, soğuk keklerin üzerine uygulandığında opak, sıcak keklerin üzerine uygulandığında ise berrak olacaktır.

Glacé Glacé kahve

20/8 cm'lik bir pastayı kaplamak yeterlidir.

100 g / 4 oz / 2/3 su bardağı elenmiş pudra şekeri (şekerlemeler)

25-30ml / 1½-2 yemek kaşığı çok koyu siyah kahve

Şekeri bir kaseye koyun ve homojen bir kaplama elde edene kadar kahveyle azar azar karıştırın.

Glacé Limonlu Krema

20/8 cm'lik bir pastayı kaplamak yeterlidir.

100 g / 4 oz / 2/3 su bardağı elenmiş pudra şekeri (şekerlemeler)

25-30ml / 1½-2 yemek kaşığı limon suyu

1 limonun ince rendelenmiş kabuğu

Şekeri bir kaseye alıp limon suyunu ekleyip karıştırdıktan sonra homojen bir kabuk elde edene kadar azar azar soyun.

Portakallı Buzlanma

20/8 cm'lik bir pastayı kaplamak yeterlidir.

100 g / 4 oz / 2/3 su bardağı elenmiş pudra şekeri (şekerlemeler)

25-30ml / 1½-2 yemek kaşığı portakal suyu

1 portakalın ince rendelenmiş kabuğu

Şekeri bir kaseye koyun ve portakal suyunu karıştırın, ardından homojen bir kaplama elde edene kadar azar azar soyun.

Rum Glacé Glacé

20/8 cm'lik bir pastayı kaplamak yeterlidir.

100 g / 4 oz / 2/3 su bardağı elenmiş pudra şekeri (şekerlemeler)

25-30ml / 1½-2 yemek kaşığı rom

Şekeri bir kaseye koyun ve homojen bir kaplama elde edene kadar romla azar azar karıştırın.

Vanilyalı Glacé Glacé

20/8 cm'lik bir pastayı kaplamak yeterlidir.

100 g / 4 oz / 2/3 su bardağı elenmiş pudra şekeri (şekerlemeler)

25 ml / 1½ yemek kaşığı su

Birkaç damla vanilya özü (özü)

Şekeri bir kaseye koyun, ardından su ve vanilya özünü homojen bir kaplama elde edene kadar azar azar karıştırın.

Pişmiş çikolatalı buzlanma

23 cm'lik bir pastayı kaplayabilir / 9

275 g / 10 oz / 1¼ su bardağı pudra şekeri (çok ince)

100 g / 4 oz / 1 bardak sade çikolata (yarı tatlı)

50 g / 2 oz / ¼ fincan kakao tozu (şekersiz çikolata).

120 ml / 4 fl oz / ½ bardak su

Tüm malzemeleri kaynatın, iyice karışana kadar karıştırın. 108°C'de orta ateşte veya iki çay kaşığı arasında çekildiğinde uzun bir ip oluştuğunda kaynatın. Büyük bir kaseye dökün ve kalın ve parlak olana kadar çırpın.

çikolata-hindistan cevizi kaplama

23 cm'lik bir pastayı kaplayabilir / 9

175 g / 6 oz / 1½ bardak sade çikolata (yarı tatlı)

90 ml / 6 yemek kaşığı kaynar su

225 g / 8 oz / 2 su bardağı kurutulmuş hindistan cevizi (kıyılmış)

Çikolatayı ve suyu bir blender veya mutfak robotunda karıştırın, ardından hindistan cevizini ekleyin ve pürüzsüz hale gelinceye kadar karıştırın. Sade, hala sıcak keklerin üzerine serpin.

şekerleme tepesi

23 cm'lik bir pastayı kaplayabilir / 9

50 g / 2 oz / ¼ bardak tereyağı veya margarin

45 ml / 3 yemek kaşığı kakao (şekersiz çikolata) tozu

60 ml / 4 yemek kaşığı süt

425 g / 15 oz / 2½ su bardağı pudra şekeri (şekerleme), elenmiş

5 ml / 1 çay kaşığı vanilya özü (ekstresi)

Tereyağı veya margarini küçük bir tavada eritip kakao ve sütü ekleyin. Sürekli karıştırarak kaynatın, ardından ocaktan alın. Yavaş yavaş şekeri ve vanilya özünü ekleyin ve pürüzsüz hale gelinceye kadar karıştırın.

Tatlı Requeijão tepesi

30 cm'lik bir pastayı kaplayabilir / 12

100 g / 4 oz / ½ bardak krem peynir

25 g / 1 oz / 2 yemek kaşığı tereyağı veya margarin, yumuşatılmış

350 g / 12 oz / 2 su bardağı elenmiş pudra şekeri (şekerleme)

5 ml / 1 çay kaşığı vanilya özü (ekstresi)

30 ml / 2 yemek kaşığı saf bal (isteğe bağlı)

Krem peyniri ve tereyağı veya margarini köpürene kadar çırpın. Pürüzsüz hale gelinceye kadar yavaş yavaş şeker ve vanilya özü ekleyin. Tadına göre biraz bal ile tatlandırın.

Amerikan Kadife Buzlanma

İki adet 23 cm / 9 keki kaplamaya uygundur

175 g / 6 oz / 1½ bardak sade çikolata (yarı tatlı)

120 ml / 4 fl oz / ½ su bardağı ekşi krema (ekşi süt)

5 ml / 1 çay kaşığı vanilya özü (ekstresi)

Bir tutam tuz

400 g / 14 oz / 21/3 su bardağı pudra şekeri (şekerleme), elenmiş

Çikolatayı, kaynayan suyun üzerinde ısıya dayanıklı bir kapta eritin. Ocaktan alıp kremayı, vanilya özünü ve tuzu ekleyin. Yavaş yavaş şekeri pürüzsüz hale gelinceye kadar karıştırın.

tereyağı kreması

23 cm'lik bir pastayı kaplayabilir / 9

50 g / 2 oz / ¼ bardak tereyağı veya margarin, yumuşatılmış

250 g / 9 oz / 1½ su bardağı elenmiş pudra şekeri (şekerlemeler)

5 ml / 1 çay kaşığı vanilya özü (ekstresi)

30 ml / 2 yemek kaşığı krema (hafif)

Tereyağı veya margarini köpürene kadar çırpın, ardından şekeri, vanilya özütünü ve kremayı pürüzsüz ve kremsi bir kıvama gelinceye kadar yavaş yavaş ekleyin.

karamelli krema

23/9 cm'lik bir pastayı doldurup kaplayacak kadar

100 g / 4 oz / ½ fincan tereyağı veya margarin

225 g / 8 oz / 1 su bardağı yumuşak esmer şeker

60 ml / 4 yemek kaşığı süt

350 g / 12 oz / 2 su bardağı elenmiş pudra şekeri (şekerleme)

Tereyağı veya margarin ve şekeri kısık ateşte sürekli karıştırarak eritin. Sütü ekleyin ve kaynatın. Isıdan çıkarın ve soğumaya bırakın. Yoğun bir kıvam elde edene kadar pudra şekerini ekleyin.

limonlu krema

23 cm'lik bir pastayı kaplayabilir / 9

25 g / 1 oz / 2 yemek kaşığı tereyağı veya margarin

5 ml / 1 çay kaşığı rendelenmiş limon kabuğu

30 ml / 2 yemek kaşığı limon suyu

250 g / 9 oz / 1½ su bardağı elenmiş pudra şekeri (şekerlemeler)

Tereyağı veya margarini ve limon kabuğu rendesini hafif ve kabarık olana kadar çırpın. Limon suyunu ve şekeri pürüzsüz hale gelinceye kadar yavaş yavaş karıştırın.

Kahve kremasının dondurulması

23/9 cm'lik bir pastayı doldurup kaplayacak kadar

1 yumurta beyazı

75 g / 3 oz / 1/3 su bardağı tereyağı veya margarin, yumuşatılmış

30 ml / 2 yemek kaşığı sıcak süt

5 ml / 1 çay kaşığı vanilya özü (ekstresi)

15 ml / 1 yemek kaşığı hazır kahve granülü

Bir tutam tuz

350 g / 12 oz / 2 su bardağı elenmiş pudra şekeri (şekerleme)

Yumurta aklarını, tereyağı veya margarini, sıcak sütü, vanilya özünü, kahveyi ve tuzu çırpın. Pudra şekerini yavaş yavaş pürüzsüz hale gelinceye kadar karıştırın.

Leydi Baltimore Buzlanma

23/9 cm'lik bir pastayı doldurup kaplayacak kadar

50 g / 2 oz / 1/3 su bardağı kuru üzüm, doğranmış

50 g / 2 oz / ¼ bardak sırlı (şekerlenmiş) kiraz, doğranmış

50 g / 2 oz / ½ bardak ceviz, doğranmış

25 g / 1 oz / 3 yemek kaşığı kuru incir, doğranmış

2 yumurta akı

350 g / 12 oz / 1½ su bardağı pudra şekeri (çok ince)

Bir miktar kremalı tartar

75 ml / 5 yemek kaşığı soğuk su

Bir tutam tuz

5 ml / 1 çay kaşığı vanilya özü (ekstresi)

Kuru üzüm, kiraz, ceviz ve incirleri karıştırın. Yumurta aklarını, şekeri, tartar kremasını, suyu ve tuzu kaynayan suyun üzerine yerleştirilmiş ısıya dayanıklı bir kapta sert zirveler oluşuncaya kadar yaklaşık 5 dakika çırpın. Ocaktan alıp vanilya özünü ekleyin. Çilekleri kremanın üçte birine karıştırın ve kekle doldurun, ardından geri kalanını pastanın üstüne ve yanlarına yayın.

kırağı

23 cm'lik bir pastayı kaplayabilir / 9

225 g / 8 oz / 1 su bardağı toz şeker

1 yumurta beyazı

30 ml / 2 yemek kaşığı su

15 ml / 1 yemek kaşığı altın şurubu (açık mısır)

Sıcak su üzerine yerleştirilmiş bir kapta şekeri, yumurta aklarını ve suyu çırpın. Karışım koyulaşıp sert tepeler oluşana kadar 10 dakika kadar çırpmaya devam edin. Ateşten alıp şurubu ekleyin. Genel bir tutarlılık elde edene kadar nabız atın.

Kremsi beyaz kaplama

23/9 cm'lik bir pastayı doldurup kaplayacak kadar

75 ml / 5 yemek kaşığı krema (hafif)

5 ml / 1 çay kaşığı vanilya özü (ekstresi)

75 g / 3 oz / 1/3 su bardağı krem peynir

10 ml / 2 çay kaşığı tereyağı veya margarin, yumuşatılmış

Bir tutam tuz

350 g / 12 oz / 2 su bardağı elenmiş pudra şekeri (şekerleme)

Krema, vanilya özü, krem peynir, tereyağı veya margarin ve tuzu pürüzsüz hale gelinceye kadar karıştırın. Pürüzsüz hale gelinceye kadar yavaş yavaş pudra şekeri ekleyin.

kabarık beyaz buzlanma

23/9 cm'lik bir pastayı doldurup kaplayacak kadar

2 yumurta akı

350 g / 12 oz / 1½ su bardağı pudra şekeri (çok ince)

Bir miktar kremalı tartar

75 ml / 5 yemek kaşığı soğuk su

Bir tutam tuz

5 ml / 1 çay kaşığı vanilya özü (ekstresi)

Yumurta aklarını, şekeri, tartar kremasını, suyu ve tuzu sıcak suyun üzerine yerleştirilmiş ısıya dayanıklı bir kapta sert zirveler oluşana kadar yaklaşık 5 dakika çırpın. Ocaktan alıp vanilya özünü ekleyin. Bunu kekle sandviç yapmak için kullanın, ardından geri kalanını pastanın üstüne ve yanlarına yayın.

esmer şeker kaplama

23 cm'lik bir pastayı kaplayabilir / 9

225 g / 8 oz / 1 su bardağı yumuşak esmer şeker

1 yumurta beyazı

30 ml / 2 yemek kaşığı su

5 ml / 1 çay kaşığı vanilya özü (ekstresi)

Sıcak su üzerine yerleştirilmiş bir kapta şekeri, yumurta aklarını ve suyu çırpın. Karışım koyulaşıp sert tepeler oluşana kadar 10 dakika kadar çırpmaya devam edin. Ocaktan alıp vanilya özünü ekleyin. Genel bir tutarlılık elde edene kadar nabız atın.

Vanilyalı krema ile kremalı tepesi

23/9 cm'lik bir pastayı doldurup kaplayacak kadar

1 yumurta beyazı

75 g / 3 oz / 1/3 su bardağı tereyağı veya margarin, yumuşatılmış

30 ml / 2 yemek kaşığı sıcak süt

5 ml / 1 çay kaşığı vanilya özü (ekstresi)

Bir tutam tuz

350 g / 12 oz / 2 su bardağı elenmiş pudra şekeri (şekerleme)

Yumurta aklarını, tereyağı veya margarini, sıcak sütü, vanilya özünü ve tuzu çırpın. Pudra şekerini yavaş yavaş pürüzsüz hale gelinceye kadar karıştırın.

vanilyalı krema

Verim 600 ml / 1 pt / 2½ bardak

100 g / 4 oz / ½ bardak pudra şekeri (süper ince)

50 g / 2 oz / ¼ bardak mısır unu (mısır nişastası)

4 yumurta sarısı

600 ml / 1 pt / 2½ su bardağı süt

1 vanilya çubuğu (fasulye)

Üzerine serpmek için elenmiş pudra şekeri

Şekerin yarısını mısır unu ve yumurta sarısıyla köpürene kadar karıştırın. Kalan şekeri ve sütü vanilya çubuğuyla kaynatın. Şeker karışımını sıcak sütle karıştırın, sürekli karıştırarak kaynatın ve koyulaşana kadar 3 dakika pişirin. Bir kaseye dökün, kabuk oluşturmasını önlemek için üzerine pudra şekeri serpin ve soğumaya bırakın. Kullanmadan önce tekrar çırpın.

kremalı dolgu

23 cm'lik pastayı doldurmak için uygundur

325 ml / 11 fl oz / 11/3 su bardağı süt

45 ml / 3 yemek kaşığı mısır unu (mısır nişastası)

60 g / 2½ oz / 1/3 su bardağı pudra şekeri (çok ince)

1 yumurta

15 ml / 1 yemek kaşığı tereyağı veya margarin

5 ml / 1 çay kaşığı vanilya özü (ekstresi)

30 ml / 2 yemek kaşığı sütü mısır unu, şeker ve yumurta ile karıştırın. Kalan sütü küçük bir tencerede kaynatın. Sıcak sütü yavaş yavaş yumurta karışımına karıştırın. Tavayı durulayın, karışımı tekrar tavaya alın ve koyulaşana kadar pişirin. Tereyağı veya margarini ve vanilya özünü ekleyin. Yağlanmış (mumlu) pişirme kağıdıyla örtün ve soğumaya bırakın.

Danimarka kreması dolgusu

Verim: 750 ml / 1¼ pt / 3 bardak

2 yumurta

50 g / 2 oz / ¼ bardak pudra şekeri (süper ince)

50 g / 2 oz / ½ bardak sade un (çok amaçlı)

600 ml / 1 pt / 2½ su bardağı süt

¼ vanilya çubuğu (fasulye)

Yumurtaları şekerle sert bir köpük haline gelinceye kadar çırpın. Unu yavaş yavaş ekleyin. Sütü ve vanilya çubuğunu kaynatın. Vanilya çubuğunu çıkarın ve sütü yumurta karışımına karıştırın. Tavaya dönün ve kısık ateşte sürekli karıştırarak 2-3 dakika pişirin. Kullanmadan önce soğumaya bırakın.

Danimarka zengin krema dolgusu

Verim: 750 ml / 1¼ pt / 3 bardak

4 yumurta sarısı

30 ml / 2 yemek kaşığı toz şeker

25 ml / 1½ yemek kaşığı sade un (çok amaçlı)

10 ml / 2 çay kaşığı patates unu

450 ml / ¾ pt / 2 su bardağı sade krema (hafif)

Birkaç damla vanilya özü (özü)

150 ml / ¼ pt / 2/3 su bardağı çift krema (ağır), çırpılmış

Yumurta sarısını, şekeri, unu ve kremayı bir tavada çırpın. Karışım kalınlaşmaya başlayana kadar orta ateşte karıştırın. Vanilya özünü ekleyip soğumaya bırakın. Çırpılmış kremayı ekleyin.

Krem Patissière

Verim: 300 ml / ½ pt / 1¼ bardak

2 ayrı yumurta

45 ml / 3 yemek kaşığı mısır unu (mısır nişastası)

300 ml / ½ pt / 1¼ su bardağı süt

Birkaç damla vanilya özü (özü)

50 g / 2 oz / ¼ bardak pudra şekeri (süper ince)

Yumurta sarısını, mısır unu ve sütü küçük bir tencerede pürüzsüz hale gelinceye kadar karıştırın. Orta ateşte kaynatın ve sürekli karıştırarak 2 dakika pişirin. Vanilya özünü ekleyip soğumaya bırakın.

Yumurta aklarını sert bir köpük haline gelinceye kadar çırpın, ardından şekerin yarısını ekleyin ve tekrar sert bir köpük haline gelinceye kadar çırpın. Kalan şekeri ekleyin. Krema karışımını karıştırın ve kullanıma hazır olana kadar buzdolabında saklayın.

Zencefil kreması dolgusu

23 cm'lik pastayı doldurmak için uygundur

100 g / 4 oz / ½ fincan tereyağı veya margarin, yumuşatılmış

450 g / 1 lb / 22/3 su bardağı şekerleme (şekerleme) şekeri, elenmiş

5 ml / 1 çay kaşığı toz zencefil

30 ml / 2 yemek kaşığı süt

75 g / 3 oz / ¼ fincan çörek otu pekmezi (pekmez)

Tereyağı veya margarini şeker ve zencefille köpürene kadar karıştırın. Pürüzsüz ve yayılabilir hale gelinceye kadar yavaş yavaş süt ve melas ekleyin. Doldurma çok ince ise biraz daha şeker ekleyin.

limon dolgusu

Verim: 250 ml / 8 fl oz / 1 bardak

100 g / 4 oz / ½ bardak pudra şekeri (süper ince)

30 ml / 2 yemek kaşığı mısır unu (mısır nişastası)

60 ml / 4 yemek kaşığı limon suyu

15 ml / 1 yemek kaşığı rendelenmiş limon kabuğu

120 ml / 4 fl oz / ½ bardak su

Bir tutam tuz

15 ml / 1 yemek kaşığı tereyağı veya margarin

Tereyağı ve margarin hariç tüm malzemeleri küçük bir tencerede kısık ateşte, karışım pürüzsüz hale gelinceye kadar hafifçe karıştırarak birleştirin. Kaynatın ve 1 dakika pişirin. Tereyağı veya margarini ekleyip soğumaya bırakın. Kullanmadan önce soğutun.

çikolata sosu

25 cm / 10 boy kekleri kaplayabilir

50 g / 2 oz / ½ bardak sade (yarı tatlı) çikolata, doğranmış

50 g / 2 oz / ¼ bardak tereyağı veya margarin

2,5 ml / ½ çay kaşığı vanilya özü (ekstresi)

75 ml / 5 yemek kaşığı kaynar su

350 g / 12 oz / 2 su bardağı elenmiş pudra şekeri (şekerleme)

Tüm malzemeleri bir blender veya mutfak robotunda pürüzsüz hale gelinceye kadar karıştırın ve malzemeleri gerektiği kadar aşağı doğru itin. Bir kerede kullanın.

Meyveli kek sır

25 cm / 10 boy kekleri kaplayabilir

75 ml / 5 yemek kaşığı altın şurubu (açık mısır)

60 ml / 4 yemek kaşığı ananas veya portakal suyu

Şurup ve meyve suyunu küçük bir tavada karıştırıp kaynatın. Karışımı ocaktan alıp soğuyan kekin üzerine ve yanlarına yayın. Ayarı etkinleştirin. Kremayı tekrar kaynatıp ikinci katı kekin üzerine yayın.

Portakallı meyveli kek sır

25 cm / 10 boy kekleri kaplayabilir

50 g / 2 oz / ¼ bardak pudra şekeri (süper ince)

30 ml / 2 yemek kaşığı portakal suyu

10 ml / 2 çay kaşığı rendelenmiş portakal kabuğu

Malzemeleri küçük bir tencerede karıştırın ve sürekli karıştırarak kaynatın. Karışımı ocaktan alıp soğuyan kekin üzerine ve yanlarına yayın. Ayarı etkinleştirin. Kremayı tekrar kaynatıp ikinci katı kekin üzerine yayın.

Badem kremalı kareler

12 yıl önce

Kurabiye 225 g / 8 oz

60 ml / 4 yemek kaşığı ahududu reçeli (konserve)

2 yumurta akı

50 g / 2 oz / ½ bardak öğütülmüş badem

100 g / 4 oz / ½ bardak pudra şekeri (süper ince)

Birkaç damla badem özü (özü)

25 g / 1 oz / ¼ bardak pullanmış badem (pulcuklanmış)

Hamuru (hamur) açın ve yağlanmış 30 x 20 cm / 12 x 8 swiss roll kalıbını (jöleli rulo kalıbı) hizalayın. Reçel ile yayın. Yumurta aklarını sertleşinceye kadar çırpın, ardından öğütülmüş bademleri, şekeri ve badem özünü dikkatlice ekleyin. Reçeli sürün ve kıyılmış bademleri serpin. Önceden 180°C'ye ısıtılmış fırında 45 dakika altın rengi kahverengi ve gevrek olana kadar pişirin. Soğumaya bırakın ve kareler halinde kesin.

melek damlaları

24 yıl önce

50 g / 2 oz / ¼ bardak tereyağı veya margarin, yumuşatılmış

50 g / 2 oz / ¼ bardak domuz yağı (katı yağ)

100 g / 4 oz / ½ bardak pudra şekeri (süper ince)

1 küçük çırpılmış yumurta

Birkaç damla vanilya özü (özü)

175 g / 6 oz / 1½ su bardağı kendiliğinden kabaran un

45 ml / 3 yemek kaşığı yulaf ezmesi

50 g / 2 oz / ¼ bardak sırlı kiraz (şekerlenmiş), yarıya bölünmüş

Tereyağı veya margarini, yağı ve şekeri köpürene kadar çırpın. Yumurtayı ve vanilya özünü ekleyin, unu ekleyin ve sert bir hamur elde edene kadar karıştırın. Küçük toplara bölün ve yulaf ezmesine bulayın. Bunları yağlanmış bir fırın tepsisine iyice yerleştirin ve her birinin üzerine kiraz serpin. Önceden ısıtılmış fırında 180°C/350°F/gaz işareti 4'te sertleşinceye kadar 20 dakika pişirin. Tepside soğumaya bırakın.

dilimlenmiş badem

12 yıl önce

100 g / 4 oz / ½ fincan tereyağı veya margarin

225 g / 8 oz / 2 su bardağı sade un (çok amaçlı)

5 ml / 1 çay kaşığı kabartma tozu

50 g / 2 oz / ¼ bardak pudra şekeri (süper ince)

1 yumurta, ayrılmış

75 ml / 5 yemek kaşığı ahududu reçeli (konserve)

100 g / 4 oz / 2/3 su bardağı elenmiş pudra şekeri (şekerlemeler)

100 g / 4 oz / 1 su bardağı pullanmış badem (pullanmış)

Karışım ekmek kırıntısı görünümüne gelinceye kadar tereyağı veya margarini un ve mayaya sürün. Şekeri ekleyin, sarılarını ekleyin ve sert bir hamur elde edene kadar yoğurun. Yağlanmış 30 x 20 cm / 12 x 8 İsviçre rulo formuna (jöle tavası) sığacak şekilde hafifçe unlanmış bir yüzeyde açın. Dikkatlice tavaya bastırın ve hamurun kenarlarını hafifçe kaldırarak bir dudak oluşturun. Reçel ile yayın. Yumurta aklarını sert bir köpük haline getirin, ardından pudra şekerini azar azar ekleyin. Reçeli yayın ve üzerine badem serpin. Önceden 160°C'ye ısıtılmış fırında 1 saat, altın rengi kahverengi olana kadar pişirin ve soğumaya bırakın. Kalıbın içinde 5 dakika soğutun, çubuklar halinde kesin ve tamamen soğuması için tel ızgara üzerine yerleştirin.

Bakewell Tartletleri

24 yıl önce

Böreği için:

25 g / 1 oz / 2 yemek kaşığı domuz yağı (katı yağ)

25 g / 1 oz / 2 yemek kaşığı tereyağı veya margarin

100 g / 4 oz / 1 su bardağı sade un (çok amaçlı)

Bir tutam tuz

30 ml / 2 yemek kaşığı su

45 ml / 3 yemek kaşığı ahududu reçeli (konserve)

Dolgu için:

50 g / 2 oz / ¼ bardak tereyağı veya margarin, yumuşatılmış

50 g / 2 oz / ¼ bardak pudra şekeri (süper ince)

1 yumurta, hafifçe çırpılmış

25 g / 1 oz / ¼ bardak kendiliğinden kabaran un (kendiliğinden kabaran)

25 g / 1 oz / ¼ bardak öğütülmüş badem

Birkaç damla badem özü (özü)

Hamuru (makarna) yapmak için, domuz yağı ve tereyağı veya margarini, karışım ekmek kırıntısı görünümüne gelinceye kadar un ve tuza sürün. Yumuşak bir hamur elde edinceye kadar yeterli su ile karıştırın. Hafifçe unlanmış bir yüzeyde açın, 7,5 cm'lik daireler kesin ve yağlanmış iki tepsinin (hamburger ızgarası) parçalarını hizalamak için kullanın. Reçel ile dolduruyoruz.

İçi için tereyağı veya margarini şekerle köpürene kadar karıştırın, ardından yavaş yavaş yumurtayı ekleyin. Unu, öğütülmüş bademleri ve badem özünü ekleyin. Karışımı turtaların içine dökün, hamurun kenarlarını reçel tamamen kaplayacak şekilde kapatın. Önceden 180°C'ye ısıtılmış fırında 20 dakikada altın rengi kahverengi olana kadar pişirin.

Kelebek Çikolatalı Kek

Yaklaşık 12 kek yapar

Kekler için:

100 g / 4 oz / ½ fincan tereyağı veya margarin, yumuşatılmış

100 g / 4 oz / ½ bardak pudra şekeri (süper ince)

2 yumurta, hafifçe dövülmüş

100 g / 4 oz / 1 su bardağı kendiliğinden kabaran un (kendiliğinden kabaran)

30 ml / 2 yemek kaşığı kakao (şekersiz çikolata) tozu

Bir tutam tuz

30 ml / 2 yemek kaşığı soğuk süt

Buzlanma (buzlanma) için:

50 g / 2 oz / ¼ bardak tereyağı veya margarin, yumuşatılmış

100 g / 4 oz / 2/3 su bardağı elenmiş pudra şekeri (şekerlemeler)

10 ml / 2 çay kaşığı sıcak süt

Kekleri yapmak için tereyağı veya margarini ve şekeri hafif ve kabarık olana kadar çırpın. Yumurtaları un, kakao ve tuzla dönüşümlü olarak yavaş yavaş karıştırın, ardından pürüzsüz bir karışım elde etmek için sütü ekleyin. Kağıt keklere (şeker kağıdı) veya tereyağlı ekmek kalıplarına (hamburger kalıpları) dökün ve önceden ısıtılmış fırında 190° / 375° F / gaz işareti 5'te iyice kabarıncaya ve dokunulduğunda elastik hale gelinceye kadar 15-20 dakika pişirin. Soğumaya bırakın. Keklerin uçlarını yatay olarak kesin, ardından kelebeğe "kanatlar" vermek için dikey olarak ikiye bölün.

Kremayı hazırlamak için tereyağı veya margarini köpürene kadar çırpın, ardından pudra şekerini ikiye katlayın. Sütü ve ardından kalan şekeri ekleyin. Krema karışımını kurabiyelerin arasına bölün ve "kanatları" çapraz olarak kurabiyelerin üstüne bastırın.

Hindistan cevizli Kurabiye

12 yıl önce

100 g / 4 oz kısa hamurlu hamur işi

50 g / 2 oz / ¼ bardak tereyağı veya margarin, yumuşatılmış

50 g / 2 oz / ¼ bardak pudra şekeri (süper ince)

1 çırpılmış yumurta

25 g / 1 oz / 2 yemek kaşığı pirinç unu

50 g / 2 oz / ½ bardak kurutulmuş hindistan cevizi (rendelenmiş)

1,5 ml / ¼ çay kaşığı kabartma tozu

60 ml / 4 yemek kaşığı çikolata ezmesi

Hamuru (hamuru) açın ve somun tepsisinin (pastel tava) bölümlerini sıralayın. Tereyağı veya margarini şekerle köpürene kadar karıştırın, ardından yumurtayı ve pirinç ununu ekleyin. Hindistan cevizini ve mayayı ekleyin. Her pasta formunun altına bir kaşık dolusu sürülebilir çikolata koyun. Hindistan cevizi karışımını üstüne yayın ve önceden 200°C'ye ısıtılmış fırında 15 dakika, kabarıp altın rengi kahverengi olana kadar pişirin.

Tatlı Kapkekler

15 yıl önce

100 g / 4 oz / ½ fincan tereyağı veya margarin, yumuşatılmış

225 g / 8 oz / 1 su bardağı pudra şekeri (çok ince)

2 yumurta

5 ml / 1 çay kaşığı vanilya özü (ekstresi)

175 g / 6 oz / 1½ su bardağı kendiliğinden kabaran un

5 ml / 1 çay kaşığı kabartma tozu

Bir tutam tuz

75 ml / 5 yemek kaşığı süt

Tereyağı veya margarini ve şekeri köpürene kadar çırpın. Her eklemeden sonra iyice çırparak yumurtayı ve vanilya özünü yavaş yavaş ekleyin. Unu, mayayı ve tuzu dönüşümlü olarak sütle çırpın. Karışımı kağıt kek kalıplarına (kek kağıtları) dökün ve önceden 190°C'ye ısıtılmış fırında, ortasına batırdığınız kürdan temiz çıkana kadar 20 dakika pişirin.

Kahve kekleri

12 yıl önce

Kekler için:

100 g / 4 oz / ½ fincan tereyağı veya margarin, yumuşatılmış

100 g / 4 oz / ½ bardak pudra şekeri (süper ince)

2 yumurta, hafifçe dövülmüş

100 g / 4 oz / 1 su bardağı kendiliğinden kabaran un (kendiliğinden kabaran)

10 ml / 2 çay kaşığı kahve esansı (ekstrakt)

Buzlanma (buzlanma) için:

50 g / 2 oz / ¼ bardak tereyağı veya margarin, yumuşatılmış

100 g / 4 oz / 2/3 su bardağı elenmiş pudra şekeri (şekerlemeler)

Birkaç damla kahve özü (özü)

100 g / 4 oz / 1 bardak çikolata parçacıkları

Kekleri yapmak için tereyağı veya margarini ve şekeri hafif ve kabarık olana kadar çırpın. Yumurtaları yavaş yavaş çırpın, ardından un ve kahve özünü ekleyin. Karışımı kağıt bardaklara (şeker kağıdı) bir fırın tepsisine (fırın tepsisi) dökün ve önceden 180 °C'ye ısıtılmış fırında iyice kabarıncaya ve dokunulduğunda elastik hale gelinceye kadar 20 dakika pişirin. Soğumaya bırakın.

Kremayı hazırlamak için tereyağı veya margarini köpürene kadar çırpın, ardından pudra şekeri ve kahve özünü ekleyin. Keklerin üzerine sürüp çikolata damlalarıyla süsleyin.

Eccles kek

16 yıl önce

50 g / 2 oz / ¼ bardak tereyağı veya margarin

50 g / 2 oz / ¼ bardak yumuşak esmer şeker

225 g / 8 oz / 11/3 su bardağı kuş üzümü

Puf böreği veya puf böreği 450 g / 1 lb

az süt

45 ml / 3 yemek kaşığı pudra şekeri (çok ince)

Tereyağı veya margarini ve esmer şekeri kısık ateşte eritin, iyice karıştırın. Ateşten alıp kuş üzümlerini ekleyip karıştırın. Biraz soğumaya bırakın. Hamuru (makarnayı) unlanmış bir yüzeyde açın ve 16 daireye kesin. Doldurma karışımını yuvarlaklara bölün, ardından kenarları ortaya doğru katlayın ve kenarları kapatmak için suyla fırçalayın. Kekleri ters çevirip merdaneyle hafifçe bastırarak yassılaştırın. Her birinin üstüne üç yarık kesin, fırçayla süt sürün ve üzerine şeker serpin. Yağlanmış tepsiye dizin ve önceden 200°C'ye ısıtılmış fırında 20 dakikada altın rengi oluncaya kadar pişirin.

Peri pastaları

Verim yaklaşık 12

100 g / 4 oz / ½ fincan tereyağı veya margarin, yumuşatılmış

100 g / 4 oz / ½ bardak pudra şekeri (süper ince)

2 yumurta, hafifçe dövülmüş

100 g / 4 oz / 1 su bardağı kendiliğinden kabaran un (kendiliğinden kabaran)

Bir tutam tuz

30 ml / 2 çay kaşığı süt

Birkaç damla vanilya özü (özü)

Tereyağı veya margarin ve şekerle köpürene kadar karıştırın. Yumurtayı un ve tuzla dönüşümlü olarak yavaş yavaş karıştırın, ardından pürüzsüz bir karışım elde etmek için süt ve vanilya özünü ekleyin. Kağıt kurabiyelere (kek kalıpları) veya yağlanmış somun kalıplarına (pişirme kalıpları) dökün ve önceden 190°C'ye ısıtılmış fırında iyice kabarıncaya ve dokunulduğunda elastik hale gelinceye kadar 15-20 dakika pişirin.

Tüy dondurmalı peri kekleri

12 yıl önce

50 g / 2 oz / ¼ bardak tereyağı veya margarin, yumuşatılmış

50 g / 2 oz / ¼ bardak pudra şekeri (süper ince)

1 yumurta

50 g / 2 oz / ½ bardak kendiliğinden kabaran un (kendiliğinden kabaran)

100 g / 4 oz / 2/3 su bardağı pudra şekeri (şekerlemeler)

15 ml / 1 yemek kaşığı ılık su

Birkaç damla gıda boyası

Tereyağı veya margarini ve şekeri köpürene kadar çırpın. Yumurtayı ve unu yavaş yavaş ekleyin. Karışımı, somun tavalarına (hamburger tavası) yerleştirilen 12 adet kağıt kek kalıbına (kek kağıdı) paylaştırın. Önceden 160°C'ye ısıtılmış fırında, kabarıncaya ve dokunulduğunda kabarıncaya kadar 15-20 dakika pişirin. Soğumaya bırakın.

Pudra şekeri ve ılık suyu karıştırın. Kremanın üçte birini dilediğiniz gıda boyasıyla renklendirin. Kekleri beyaz kremayla yayın. Renkli kremayı pastanın üzerine sürükleyin, ardından dalgalı bir desen oluşturmak için önce bir yönde, sonra diğer yönde çizgilere dik bir bıçak ucu çizin. Bırakın ayarlasın.

Ceneviz fantezisi

12 yıl önce

3 yumurta, hafifçe çırpılmış

75 g / 3 oz / 1/3 su bardağı pudra şekeri (süper ince)

75 g / 3 oz / ¾ bardak kendiliğinden kabaran un (kendiliğinden kabaran)

Birkaç damla vanilya özü (özü)

25 g / 1 oz / 2 yemek kaşığı tereyağı veya margarin, eritilmiş ve soğutulmuş

60 ml / 4 yemek kaşığı kayısı reçeli (konserve), elenmiş (filtrelenmiş)

60 ml / 4 yemek kaşığı su

225 g / 8 oz / 11/3 su bardağı pudra şekeri (şekerleme), elenmiş

Birkaç damla pembe ve mavi gıda boyası (isteğe bağlı)

kek süslemeleri

Yumurtaları ve pudra şekerini, kaynayan su dolu tencerenin üzerine ısıya dayanıklı bir kaseye koyun. Karışım şeritler halinde çırpıcıdan çıkana kadar çırpın. Unu ve vanilya özünü ekleyin, ardından tereyağı veya margarini ekleyin. Karışımı tereyağlı, 30 x 20 cm'lik bir İsviçre rulo kalıbına (Jello kalıbı) dökün ve önceden 190 °C'ye ısıtılmış fırına 30 dakika boyunca koyun. Soğumaya bırakın ve şekillerde kesin. Kompostoyu 30 ml / 2 yemek kaşığı su ile ısıtıp fırça yardımıyla keklerin üzerine sürün.

Pudra şekerini bir kaseye eleyin. Eğer kremayı farklı renklerde yapmak istiyorsanız ayrı kaselere bölüp her birinin ortasına delik açın. Sert bir kaplama elde etmek için yavaş yavaş birkaç damla renk ve kalan sudan yeterli miktarda ekleyin. Keklerin üzerine sürüp dilediğiniz gibi süsleyin.

bademli makarna

16 yıl önce

Pirinç kağıdı

100 g / 4 oz / ½ bardak pudra şekeri (süper ince)

50 g / 2 oz / ½ bardak öğütülmüş badem

5 ml / 1 çay kaşığı öğütülmüş pirinç

Birkaç damla badem özü (özü)

1 yumurta beyazı

8 adet beyazlatılmış badem ikiye bölünmüş

Bir çerez sayfasını pirinç kağıdıyla hizalayın. Beyazlatılmış badem dışındaki tüm malzemeleri sert bir macun oluşana kadar karıştırın ve iyice karıştırın. Karışımdan bir kaşık dolusu fırın tepsisine dökün ve her birinin üzerine birer badem dilimi koyun. Önceden ısıtılmış fırında 150°C/325°F/gaz işareti 3'te 25 dakika pişirin. Tepside soğumaya bırakın, ardından pirinç kağıdı tepsisinden ayırmak için her birini kesin veya yırtın.

Hindistan Cevizli Makaron

16 yıl önce

2 yumurta akı

150 g / 5 oz / 2/3 su bardağı pudra şekeri (çok ince)

150 g / 5 oz / 1¼ su bardağı kurutulmuş hindistan cevizi (rendelenmiş)

Pirinç kağıdı

8 sırlı (şekerlenmiş) kiraz, ikiye bölünmüş

Yumurta aklarını sert bir köpük haline getirin. Sert zirveler oluşana kadar şekerle çırpın. Hindistan cevizini ekleyin. Pirinç kağıdını bir fırın tepsisine (bisküvi) yerleştirin ve karışımı fırın tepsisine kaşıklayın. Her birinin üzerine yarım kiraz koyun. Önceden ısıtılmış fırında 160°C/325°F/gaz işareti 3'te 30 dakika pişirin. Pirinç kağıdı üzerinde soğumaya bırakın ve her birini pirinç kağıdından ayırmak için kesin veya yırtın.

limonlu makarna

12 yıl önce

100 g / 4 oz kısa hamurlu hamur işi

60 ml / 4 yemek kaşığı limon reçeli

2 yumurta akı

50 g / 2 oz / ¼ bardak pudra şekeri (süper ince)

25 g / 1 oz / ¼ bardak öğütülmüş badem

10 ml / 2 çay kaşığı öğütülmüş pirinç

5 ml / 1 çay kaşığı portakal çiçeği suyu

Hamuru (hamuru) açın ve somun tepsisinin (pastel tava) bölümlerini sıralayın. Her hamur işi kabına (turta kabuğu) bir kaşık dolusu reçel koyun. Yumurta aklarını sert bir köpük haline getirin. Sert ve parlak olana kadar şekerle çırpın. Badem, pirinç ve portakal çiçeği suyunu ekleyin. Reçeli tamamen kaplayacak şekilde kutuların üzerine yayın. Önceden 180°C'ye ısıtılmış fırında, kabarıp altın rengi kahverengi olana kadar 30 dakika pişirin.

Yulaf makarnası

24 yıl önce

175 g / 6 oz / 1½ su bardağı yulaf ezmesi

175 g / 6 oz / ¾ bardak muscovado şekeri

120 ml / 4 fl oz / ½ su bardağı sıvı yağ

1 yumurta

2,5 ml / ½ çay kaşığı tuz

2,5 ml / ½ çay kaşığı badem özü (ekstresi)

Yulaf, şeker ve yağı karıştırıp 1 saat bekletin. Yumurtayı, tuzu ve badem özünü ekleyin. Yağlanmış tepsiye (bisküvi) karışımdan bir kaşık dolusu koyun ve önceden 160°C'ye ısıtılmış fırında 20 dakika altın rengi oluncaya kadar pişirin.

Madeleinler

9 yapar

100 g / 4 oz / ½ fincan tereyağı veya margarin, yumuşatılmış

100 g / 4 oz / ½ bardak pudra şekeri (süper ince)

2 yumurta, hafifçe dövülmüş

100 g / 4 oz / 1 su bardağı kendiliğinden kabaran un (kendiliğinden kabaran)

175 g / 6 oz / ½ bardak çilek veya ahududu reçeli (konserve)

60 ml / 4 yemek kaşığı su

50 g / 2 oz / ½ bardak kurutulmuş hindistan cevizi (rendelenmiş)

5 sırlı (şekerlenmiş) kiraz, ikiye bölünmüş

Tereyağı veya margarini hafif ve kabarıncaya kadar çırpın, ardından şekeri ekleyin. Yumurtaları yavaş yavaş çırpın, ardından unu ekleyin. Dokuz adet tereyağlı dariole (kale pudingi) kalıbına dökün ve bir fırın tepsisine (bisküvi) yerleştirin. Önceden 190°C'ye ısıtılmış fırında, güzelce kabarıp altın rengi kahverengi olana kadar 20 dakika pişirin. Kalıpların içinde 5 dakika soğumaya bırakın, ardından tamamen soğuması için fırına koyun.

Düz bir taban oluşturmak için her pastanın kenarlarını kesin. Reçeli (filtreyi) süzün ve küçük bir tencerede suyla pürüzsüz hale gelinceye kadar karıştırın. Hindistan cevizini büyük bir parşömen (mumlu) kağıt üzerine yayın. İlk kekin tabanına bir kürdan batırın, üzerine reçel sürün ve üzeri kaplanana kadar hindistan cevizine batırın. Servis tabağına yerleştirin. Diğer çerezlerle tekrarlayın. Üstüne yarıya bölünmüş sırlı kiraz ekleyin.

badem ezmesi kekleri

Verim yaklaşık 12

450 g / 1 lb / 4 su bardağı öğütülmüş badem

100 g / 4 oz / 2/3 su bardağı elenmiş pudra şekeri (şekerlemeler)

100 g / 4 oz / ½ bardak pudra şekeri (süper ince)

30 ml / 2 yemek kaşığı su

3 yumurta akı

Buzlanma (buzlanma) için:

100 g / 4 oz / 2/3 su bardağı elenmiş pudra şekeri (şekerlemeler)

1 yumurta beyazı

2,5 ml / ½ çay kaşığı sirke

Kek için tüm malzemeleri bir tavada karıştırın ve hamur tüm sıvıyı emene kadar dikkatlice karıştırarak ısıtın. Isıdan çıkarın ve soğumaya bırakın. Hafifçe unlanmış bir yüzeyde 1/2 cm kalınlığında açın ve 1/2 cm/3 cm'lik şeritler halinde kesin. 5 cm / 2 boyda kesip, tereyağlı (bisküvi) tepsiye dizin ve önceden 150°C'ye ısıtılmış fırında 20 dakikada altın rengi oluncaya kadar pişirin. Soğumaya bırakın.

Kremayı hazırlamak için yumurta aklarını ve sirkeyi pudra şekeriyle yavaş yavaş pürüzsüz, kalın bir köpük elde edene kadar karıştırın. Kremayı kekin üzerine dökün.

Washington Pastaları

12 yıl önce

225 g / 8 oz / 2 su bardağı sade un (çok amaçlı)

100 g / 4 oz / ½ bardak pudra şekeri (süper ince)

10 ml / 2 çay kaşığı kabartma tozu

2,5 ml / ½ çay kaşığı tuz

1 yumurta, hafifçe çırpılmış

250 ml / 8 fl oz / 1 su bardağı süt

120 ml / 4 fl oz / ½ su bardağı sıvı yağ

Un, şeker, kabartma tozu ve tuzu karıştırıp ortasını havuz gibi açın. Geri kalan malzemeleri birleştirin ve iyice birleşene kadar kuru malzemelerle karıştırın. Çok fazla karıştırmayın. Kalıplara (kağıt) veya yağlanmış kalıplara (pişirme kalıpları) dökün ve önceden ısıtılmış fırında 200 °C'de 20 dakika, iyice kabarıncaya ve dokunulduğunda elastik hale gelinceye kadar pişirin.

Elmalı kek

12 yıl önce

225 g / 8 oz / 2 su bardağı sade un (çok amaçlı)

100 g / 4 oz / ½ bardak pudra şekeri (süper ince)

10 ml / 2 çay kaşığı kabartma tozu

2,5 ml / ½ çay kaşığı tuz

1 yumurta, hafifçe çırpılmış

250 ml / 8 fl oz / 1 su bardağı süt

120 ml / 4 fl oz / ½ su bardağı sıvı yağ

2 sofralık (tatlı) elma, soyulmuş, çekirdekleri çıkarılmış ve doğranmış

Un, şeker, kabartma tozu ve tuzu karıştırıp ortasını havuz gibi açın. Geri kalan malzemeleri birleştirin ve iyice birleşene kadar kuru malzemelerle karıştırın. Çok fazla karıştırmayın. Kalıplara (kağıt) veya yağlanmış kalıplara (pişirme kalıpları) dökün ve önceden ısıtılmış fırında 200 °C'de 20 dakika, iyice kabarıncaya ve dokunulduğunda elastik hale gelinceye kadar pişirin.

muzlu corekler

12 yıl önce

225 g / 8 oz / 2 su bardağı sade un (çok amaçlı)

100 g / 4 oz / ½ bardak pudra şekeri (süper ince)

10 ml / 2 çay kaşığı kabartma tozu

2,5 ml / ½ çay kaşığı tuz

1 yumurta, hafifçe çırpılmış

250 ml / 8 fl oz / 1 su bardağı süt

120 ml / 4 fl oz / ½ su bardağı sıvı yağ

2 muz, püresi

Un, şeker, kabartma tozu ve tuzu karıştırıp ortasını havuz gibi açın. Geri kalan malzemeleri birleştirin ve iyice birleşene kadar kuru malzemelerle karıştırın. Çok fazla karıştırmayın. Kalıplara (kağıt) veya yağlanmış kalıplara (pişirme kalıpları) dökün ve önceden ısıtılmış fırında 200 °C'de 20 dakika, iyice kabarıncaya ve dokunulduğunda elastik hale gelinceye kadar pişirin.

Siyah Frenk Üzümlü Muffin

12 yıl önce

225 g / 8 oz / 2 su bardağı kendiliğinden kabaran un (kendiliğinden kabaran)

75 g / 3 oz / 1/3 su bardağı pudra şekeri (süper ince)

2 yumurta akı

75 gr kuş üzümü

200 ml / 7 fl oz / az 1 su bardağı süt

30 ml / 2 yemek kaşığı sıvı yağ

Unu ve şekeri karıştırın. Yumurta aklarını hafifçe çırpın ve kuru malzemelerle karıştırın. Kuş üzümü, süt ve yağı ekleyip karıştırın. Yağlanmış muffin kalıplarına (forminhas) dökün ve önceden 200°C'ye ısıtılmış fırında 15-20 dakika altın rengi oluncaya kadar pişirin.

Amerikan Yabanmersinli Muffinler

12 yıl önce

150 g / 5 oz / 1¼ su bardağı sade un (çok amaçlı)

75 g / 3 oz / ¾ bardak mısır unu

75 g / 3 oz / 1/3 su bardağı pudra şekeri (süper ince)

10 ml / 2 çay kaşığı kabartma tozu

Bir tutam tuz

1 yumurta, hafifçe çırpılmış

75 g / 3 oz / 1/3 su bardağı eritilmiş tereyağı veya margarin

250 ml / 8 fl oz / 1 su bardağı ayran

100 g / 4 ons yaban mersini

Un, mısır unu, şeker, kabartma tozu ve tuzu karıştırıp ortasını havuz gibi açın. Yumurta, tereyağı veya margarin ve ayranı ekleyip karıştırın. Yaban mersini veya böğürtlenleri ekleyin. Muffin kalıplarına (kağıt) dökün ve önceden 200°C'ye ısıtılmış fırında altın rengi kahverengi olana ve dokunulduğunda elastik olana kadar 20 dakika pişirin.

Vişneli Kekler

12 yıl önce

225 g / 8 oz / 2 su bardağı sade un (çok amaçlı)

100 g / 4 oz / ½ bardak pudra şekeri (süper ince)

100 g / 4 oz / ½ bardak sırlı kiraz (şekerlenmiş)

10 ml / 2 çay kaşığı kabartma tozu

2,5 ml / ½ çay kaşığı tuz

1 yumurta, hafifçe çırpılmış

250 ml / 8 fl oz / 1 su bardağı süt

120 ml / 4 fl oz / ½ su bardağı sıvı yağ

Un, şeker, vişne, kabartma tozu ve tuzu karıştırıp ortasını havuz şeklinde açın. Geri kalan malzemeleri birleştirin ve iyice birleşene kadar kuru malzemelerle karıştırın. Çok fazla karıştırmayın. Kalıplara (kağıt) veya yağlanmış kalıplara (pişirme kalıpları) dökün ve önceden ısıtılmış fırında 200 °C'de 20 dakika, iyice kabarıncaya ve dokunulduğunda elastik hale gelinceye kadar pişirin.

Çikolatalı kek

10-12 yapar

175 g / 6 oz / 1½ su bardağı sade un (çok amaçlı)

40 g / 1½ oz / 1/3 bardak kakao tozu (şekersiz çikolata)

100 g / 4 oz / ½ bardak pudra şekeri (süper ince)

10 ml / 2 çay kaşığı kabartma tozu

2,5 ml / ½ çay kaşığı tuz

1 büyük yumurta

250 ml / 8 fl oz / 1 su bardağı süt

2,5 ml / ½ çay kaşığı vanilya özü (ekstresi)

120 ml / 4 fl oz / ½ su bardağı ayçiçeği veya bitkisel yağ

Kuru malzemeleri karıştırıp ortasını havuz gibi açın. Yumurtaları, sütü, vanilya özünü ve yağı iyice karıştırın. Sıvıyı kuru malzemelerle birleşene kadar hızla karıştırın. Fazla karıştırmayın; Karışım dengesiz olmalıdır. Kalıplara (kağıt) veya kalıplara (pişirme kalıpları) dökün ve önceden ısıtılmış fırında 200°C / 400°F / gaz işareti 6'da iyice kabarıncaya ve dokunulduğunda esnek hale gelinceye kadar yaklaşık 20 dakika pişirin.

Çikolatalı kek

12 yıl önce

175 g / 6 oz / 1½ su bardağı sade un (çok amaçlı)

100 g / 4 oz / ½ bardak pudra şekeri (süper ince)

45 ml / 3 yemek kaşığı kakao (şekersiz çikolata) tozu

100 g / 4 oz / 1 bardak çikolata parçacıkları

10 ml / 2 çay kaşığı kabartma tozu

2,5 ml / ½ çay kaşığı tuz

1 yumurta, hafifçe çırpılmış

250 ml / 8 fl oz / 1 su bardağı süt

120 ml / 4 fl oz / ½ su bardağı sıvı yağ

2,5 ml / ½ çay kaşığı vanilya özü (ekstresi)

Un, şeker, kakao, damla çikolata, kabartma tozu ve tuzu karıştırıp ortasını havuz gibi açın. Geri kalan malzemeleri birleştirin ve iyice birleşene kadar kuru malzemelerle karıştırın. Çok fazla karıştırmayın. Kalıplara (kağıt) veya yağlanmış kalıplara (pişirme kalıpları) dökün ve önceden ısıtılmış fırında 200 °C'de 20 dakika, iyice kabarıncaya ve dokunulduğunda elastik hale gelinceye kadar pişirin.

tarçın Muffins

12 yıl önce

225 g / 8 oz / 2 su bardağı sade un (çok amaçlı)

100 g / 4 oz / ½ bardak pudra şekeri (süper ince)

10 ml / 2 çay kaşığı kabartma tozu

5 ml / 1 çay kaşığı tarçın tozu

2,5 ml / ½ çay kaşığı tuz

1 yumurta, hafifçe çırpılmış

250 ml / 8 fl oz / 1 su bardağı süt

120 ml / 4 fl oz / ½ su bardağı sıvı yağ

Un, şeker, kabartma tozu, tarçın ve tuzu karıştırıp ortasını havuz şeklinde açın. Geri kalan malzemeleri birleştirin ve iyice birleşene kadar kuru malzemelerle karıştırın. Çok fazla karıştırmayın. Kalıplara (kağıt) veya yağlanmış kalıplara (pişirme kalıpları) dökün ve önceden ısıtılmış fırında 200 °C'de 20 dakika, iyice kabarıncaya ve dokunulduğunda elastik hale gelinceye kadar pişirin.

mısır unu kekleri

12 yıl önce

50 g / 2 oz / ½ bardak sade un (çok amaçlı)

100 g / 4 oz / 1 su bardağı mısır unu

5 ml / 1 çay kaşığı kabartma tozu

1 yumurta, ayrılmış

1 yumurta sarısı

30 ml / 2 yemek kaşığı mısır yağı

30 ml / 2 yemek kaşığı süt

Unu, mısır unu ve mayayı karıştırın. Yumurta sarılarını, yağı ve sütü köpürene kadar çırpın, ardından kuru malzemelerle karıştırın. Yumurta aklarını sert bir köpük haline getirin, ardından kütleye katlayın. Yağlanmış kalıplara (kağıt) veya yağlanmış kalıplara (pişirme kalıpları) dökün ve önceden ısıtılmış fırında 200 °C / 400 °F / gaz işareti 6'da yakl. 20 dakika içinde altın kahverengi olana kadar pişirin.

Bütün İncirli Muffinler

10 yıl önce

100 g / 4 oz / 1 su bardağı tam buğday unu (tam buğday)

5 ml / 1 çay kaşığı kabartma tozu

50 g / 2 oz / ½ bardak yulaf ezmesi

50 g / 2 oz / 1/3 su bardağı kuru incir, doğranmış

45 ml / 3 yemek kaşığı sıvı yağ

75 ml / 5 yemek kaşığı süt

15 ml / 1 yemek kaşığı siyah pekmez (pekmez)

1 yumurta, hafifçe çırpılmış

Unu, kabartma tozunu ve yulafı karıştırın, ardından incirleri ekleyin. Yağı, sütü ve pekmezi ısıtın, ardından kuru malzemeleri yumurtayla birlikte ekleyip sert bir hamur elde edinceye kadar karıştırın. Yağlanmış kalıplara (kağıt) veya yağlanmış kalıplara (forminhas) kaşık dolusu karışımdan koyun ve önceden ısıtılmış 190°C/375°F/Gaz 5 fırında yakl. 20 dakikada altın kahverengi.

Meyveli ve kepekli kekler

8 yapar

100 g / 4 oz / 1 su bardağı Tam Kepekli Tahıl

50 g / 2 oz / ½ bardak sade un (çok amaçlı)

2,5 ml / ½ çay kaşığı kabartma tozu

5 ml / 1 çay kaşığı karbonat (karbonat)

5 ml / 1 çay kaşığı öğütülmüş baharat (elmalı turta)

50 g / 2 oz / 1/3 bardak kuru üzüm

100 g / 4 oz / 1 su bardağı elma püresi (sos)

5 ml / 1 çay kaşığı vanilya özü (ekstresi)

30 ml / 2 yemek kaşığı süt

Kuru malzemeleri karıştırıp ortasını havuz gibi açın. Pürüzsüz bir karışım elde etmek için kuru üzümleri, elma püresini, vanilya özünü ve yeterli sütü karıştırın. Kalıplara (kağıt) veya yağlanmış kalıplara (pişirme kalıpları) dökün ve önceden 200 °C'ye ısıtılmış fırında, iyice kabarıp altın rengi kahverengi olana kadar 20 dakika pişirin.

yulaflı kekler

20 yıl önce

100 g / 4 oz / 1 su bardağı yulaf ezmesi

100 g / 4 oz / 1 su bardağı yulaf ezmesi

225 g / 8 oz / 2 su bardağı tam buğday unu (tam buğday)

10 ml / 2 çay kaşığı kabartma tozu

50 g / 2 oz / 1/3 bardak kuru üzüm (isteğe bağlı)

375 ml / 13 fl oz / 1½ su bardağı süt

10 ml / 2 çay kaşığı sıvı yağ

2 yumurta akı

Yulaf, un ve kabartma tozunu karıştırın ve kullanıyorsanız kuru üzümleri ekleyin. Sütü ve yağı karıştırın. Yumurta aklarını sert bir köpük haline getirin ve kütleye karıştırın. Yağlanmış kalıplara (kağıt) veya yağlanmış kalıplara (pişirme kalıpları) dökün ve önceden ısıtılmış fırında 190 °C / 375 °F / gaz işareti 5'te yakl. 25 dakika içinde altın kahverengi olana kadar pişirin.

yulaflı kekler

10 yıl önce

100 g / 4 oz / 1 su bardağı tam buğday unu (tam buğday)

100 g / 4 oz / 1 su bardağı yulaf ezmesi

15 ml / 1 yemek kaşığı kabartma tozu

100 g / 4 oz / 2/3 bardak kuru üzüm (altın kuru üzüm)

50 g / 2 oz / ½ bardak kıyılmış karışık fındık

1 adet yeme (tatlı) elma, soyulmuş, çekirdeği çıkarılmış ve rendelenmiş

45 ml / 3 yemek kaşığı sıvı yağ

30 ml / 2 yemek kaşığı saf bal

15 ml / 1 yemek kaşığı siyah pekmez (pekmez)

1 yumurta, hafifçe çırpılmış

90 ml / 6 yemek kaşığı süt

Unu, yulafı ve kabartma tozunu karıştırın. Kuru üzümleri, cevizleri ve elmaları ekleyin. Yağ, bal ve pekmezi eriyene kadar ısıtın, ardından yeterli miktarda yumurta ve sütü ekleyerek pürüzsüz bir kıvam elde edin. Yağlanmış kalıplara (kağıt) veya yağlanmış kalıplara (pişirme kalıpları) dökün ve önceden ısıtılmış fırında 190 °C / 375 °F / gaz işareti 5'te yakl. 25 dakika içinde altın kahverengi olana kadar pişirin.

Portakallı Muffinler

12 yıl önce

100 g / 4 oz / 1 su bardağı kendiliğinden kabaran un (kendiliğinden kabaran)

100 g / 4 oz / ½ bardak yumuşak esmer şeker

1 yumurta, hafifçe çırpılmış

120 ml / 4 fl oz / ½ su bardağı portakal suyu

60 ml / 4 yemek kaşığı sıvı yağ

2,5 ml / ½ çay kaşığı vanilya özü (ekstresi)

25 g / 1 oz / 2 yemek kaşığı tereyağı veya margarin

30 ml / 2 yemek kaşığı sade un (çok amaçlı)

2,5 ml / ½ çay kaşığı tarçın tozu

Bir kapta unu maya ve şekerin yarısıyla karıştırın. Yumurtayı, portakal suyunu, yağı ve vanilya özünü köpürene kadar çırpın, ardından kuru malzemeleri iyice karıştırın. Çok fazla karıştırmayın. Kalıplara (kağıt) veya yağlanmış kalıplara (pişirme kalıpları) dökün ve önceden ısıtılmış fırında 200 °C / 400 °F / gaz işareti 6'da 10 dakika bekletin.

Bu arada, üzeri için gereken tereyağı veya margarini sade una karıştırın, ardından kalan şekeri ve tarçını ekleyin. Muffinlerin üzerine serpin ve altın kahverengi olana kadar 5 dakika daha fırına dönün.

Şeftalili muffinler

12 yıl önce

225 g / 8 oz / 2 su bardağı sade un (çok amaçlı)

100 g / 4 oz / ½ bardak pudra şekeri (süper ince)

10 ml / 2 çay kaşığı kabartma tozu

2,5 ml / ½ çay kaşığı tuz

1 yumurta, hafifçe çırpılmış

175 ml / 6 fl oz / ¾ bardak süt

120 ml / 4 fl oz / ½ su bardağı sıvı yağ

200g / 7oz / 1 küçük kutu şeftali, suyu süzülmüş ve doğranmış

Un, şeker, kabartma tozu ve tuzu karıştırıp ortasını havuz gibi açın. Geri kalan malzemeleri birleştirin ve iyice birleşene kadar kuru malzemelerle karıştırın. Çok fazla karıştırmayın. Kalıplara (kağıt) veya yağlanmış kalıplara (pişirme kalıpları) dökün ve önceden ısıtılmış fırında 200 °C'de 20 dakika, iyice kabarıncaya ve dokunulduğunda elastik hale gelinceye kadar pişirin.

Fıstık Ezmeli Muffinler

12 yıl önce

225 g / 8 oz / 2 su bardağı sade un (çok amaçlı)

100 g / 4 oz / ½ bardak yumuşak esmer şeker

10 ml / 2 çay kaşığı kabartma tozu

2,5 ml / ½ çay kaşığı tuz

1 yumurta, hafifçe çırpılmış

250 ml / 8 fl oz / 1 su bardağı süt

120 ml / 4 fl oz / ½ su bardağı sıvı yağ

45 ml / 3 yemek kaşığı fıstık ezmesi

Un, şeker, kabartma tozu ve tuzu karıştırıp ortasını havuz gibi açın. Geri kalan malzemeleri birleştirin ve iyice birleşene kadar kuru malzemelerle karıştırın. Çok fazla karıştırmayın. Kalıplara (kağıt) veya yağlanmış kalıplara (pişirme kalıpları) dökün ve önceden ısıtılmış fırında 200 °C'de 20 dakika, iyice kabarıncaya ve dokunulduğunda elastik hale gelinceye kadar pişirin.

Ananaslı Kekler

12 yıl önce

225 g / 8 oz / 2 su bardağı sade un (çok amaçlı)

100 g / 4 oz / ½ bardak yumuşak esmer şeker

10 ml / 2 çay kaşığı kabartma tozu

2,5 ml / ½ çay kaşığı tuz

1 yumurta, hafifçe çırpılmış

175 ml / 6 fl oz / ¾ bardak süt

120 ml / 4 fl oz / ½ su bardağı sıvı yağ

200 g / 7 oz / 1 küçük kutu ananas, suyu süzülmüş ve doğranmış

30 ml / 2 yemek kaşığı demerara şekeri

Unu, esmer şekeri, kabartma tozunu ve tuzu karıştırıp ortasını havuz gibi açın. Demerara şekeri dışındaki diğer tüm malzemeleri birleştirin ve iyice birleşene kadar kuru malzemelerle karıştırın. Çok fazla karıştırmayın. Muffin kalıplarına (kağıt) veya yağlanmış muffin kalıplarına (tavalara) dökün ve üzerine demerara şekeri serpin. Önceden 200°C'ye ısıtılmış fırında, iyice kabarıncaya ve dokunulduğunda elastik hale gelinceye kadar 20 dakika pişirin.

ahududulu kekler

12 yıl önce

225 g / 8 oz / 2 su bardağı sade un (çok amaçlı)

100 g / 4 oz / ½ bardak pudra şekeri (süper ince)

10 ml / 2 çay kaşığı kabartma tozu

2,5 ml / ½ çay kaşığı tuz

Ahududu 200 gr

1 yumurta, hafifçe çırpılmış

250 ml / 8 fl oz / 1 su bardağı süt

120 ml / 4 fl oz / ½ su bardağı bitkisel yağ

Un, şeker, maya ve tuzu karıştırın. Ahududuları toplayıp ortasını açın. Yumurta, süt ve yağı karıştırıp kuru malzemelerin içine dökün. Tüm kuru malzemeler birleştirilene kadar yavaşça karıştırın, ancak karışım hala topaklıdır. Çok sert vurmayın. Karışımı yağlanmış kalıplara (kağıt) veya yağlanmış kalıplara (pişirme kalıpları) dökün ve önceden ısıtılmış fırında 200°C / 400°F / gaz işareti 6'da iyice kabarıncaya ve dokunulduğunda esnek hale gelinceye kadar 20 dakika pişirin.

Ahududu ve Limonlu Muffinler

12 yıl önce

175 g / 6 oz / 1½ su bardağı sade un (çok amaçlı)

50 g / 2 oz / ¼ bardak toz şeker

50 g / 2 oz / ¼ bardak yumuşak esmer şeker

10 ml / 2 çay kaşığı kabartma tozu

5 ml / 1 çay kaşığı tarçın tozu

Bir tutam tuz

1 yumurta, hafifçe çırpılmış

100 g / 4 oz / ½ bardak eritilmiş tereyağı veya margarin

120 ml / 4 fl oz / ½ su bardağı süt

100 gr taze ahududu

10 ml / 2 çay kaşığı rendelenmiş limon kabuğu

Çatıda:

75 g / 3 oz / ½ fincan elenmiş pudra şekeri (şekerlemeler)

15 ml / 1 yemek kaşığı limon suyu

Un, toz şeker, esmer şeker, kabartma tozu, tarçın ve tuzu bir kapta karıştırıp ortasını havuz şeklinde açın. Yumurtayı, tereyağını veya margarini ve sütü ekleyip malzemeler birleşene kadar karıştırın. Ahududu ve limon kabuğu rendesini karıştırın. Yağlanmış kalıplara (kağıt) veya yağlanmış kalıplara (pişirme kalıpları) dökün ve önceden 180 °C'ye ısıtılmış fırında, altın rengi kahverengi olana ve dokunulduğunda elastik olana kadar 20 dakika pişirin. Üzeri için pudra şekeri ve limon suyunu karıştırıp sıcak muffinlerin üzerine gezdirin.

sultani kekler

12 yıl önce

225 g / 8 oz / 2 su bardağı sade un (çok amaçlı)

100 g / 4 oz / ½ bardak pudra şekeri (süper ince)

100 g / 4 oz / 2/3 bardak kuru üzüm (altın kuru üzüm)

10 ml / 2 çay kaşığı kabartma tozu

5 ml / 1 çay kaşığı öğütülmüş baharat (elmalı turta)

2,5 ml / ½ çay kaşığı tuz

1 yumurta, hafifçe çırpılmış

250 ml / 8 fl oz / 1 su bardağı süt

120 ml / 4 fl oz / ½ su bardağı sıvı yağ

Un, şeker, kuru üzüm, kabartma tozu, baharatlar ve tuzu karıştırıp ortasını havuz şeklinde açın. Diğer malzemeleri pürüzsüz olana kadar karıştırın. Kalıplara (kağıt) veya yağlanmış kalıplara (pişirme kalıpları) dökün ve önceden ısıtılmış fırında 200 °C'de 20 dakika, iyice kabarıncaya ve dokunulduğunda elastik hale gelinceye kadar pişirin.

Pekmezli Muffinler

12 yıl önce

225 g / 8 oz / 2 su bardağı sade un (çok amaçlı)

100 g / 4 oz / ½ bardak yumuşak esmer şeker

10 ml / 2 çay kaşığı kabartma tozu

2,5 ml / ½ çay kaşığı tuz

1 yumurta, hafifçe çırpılmış

175 ml / 6 fl oz / ¾ bardak süt

60 ml / 4 yemek kaşığı siyah pekmez (pekmez)

120 ml / 4 fl oz / ½ su bardağı sıvı yağ

Un, şeker, kabartma tozu ve tuzu karıştırıp ortasını havuz gibi açın. Diğer malzemeleri pürüzsüz olana kadar karıştırın. Çok fazla karıştırmayın. Kalıplara (kağıt) veya yağlanmış kalıplara (pişirme kalıpları) dökün ve önceden ısıtılmış fırında 200 °C'de 20 dakika, iyice kabarıncaya ve dokunulduğunda elastik hale gelinceye kadar pişirin.

Pekmez ve Yulaflı Muffinler

10 yıl önce

100 g / 4 oz / 1 su bardağı sade un (çok amaçlı)

175 g / 6 oz / 1½ su bardağı yulaf ezmesi

100 g / 4 oz / ½ bardak yumuşak esmer şeker

15 ml / 1 yemek kaşığı kabartma tozu

5 ml / 1 çay kaşığı tarçın tozu

2,5 ml / ½ çay kaşığı tuz

1 yumurta, hafifçe çırpılmış

120 ml / 4 fl oz / ½ su bardağı süt

60 ml / 4 yemek kaşığı siyah pekmez (pekmez)

75 ml / 5 yemek kaşığı sıvı yağ

Un, yulaf, şeker, kabartma tozu, tarçın ve tuzu karıştırıp ortasını havuz gibi açın. Geri kalan malzemeleri karıştırın ve kuru malzemelerle iyice pürüzsüz hale gelinceye kadar karıştırın. Çok fazla karıştırmayın. Kalıplara (kağıt) veya yağlanmış kalıplara (pişirme kalıpları) dökün ve önceden ısıtılmış fırında 200°C / 400°F / gaz işareti 6'da iyice kabarıncaya ve dokunulduğunda elastik hale gelinceye kadar 15 dakika pişirin.

yulaf tostu

8 yapar

225 g / 8 oz / 2 su bardağı yulaf ezmesi

100 g / 4 oz / 1 su bardağı tam buğday unu (tam buğday)

5 ml / 1 çay kaşığı tuz

5 ml / 1 çay kaşığı kabartma tozu

50 g / 2 oz / ¼ bardak domuz yağı (katı yağ)

30 ml / 2 yemek kaşığı soğuk su

Kuru malzemeleri birleştirin ve karışım ekmek kırıntısına benzeyene kadar domuz yağıyla ovalayın. Sert bir hamur elde etmek için yeterli su ile karıştırın. Hafifçe unlanmış yüzeyde 18/7 cm'lik bir daire açın ve sekiz dilime kesin. Yağlanmış tepsiye dizin ve önceden 180°C'ye ısıtılmış fırında 25 dakika pişirin. Tereyağı, reçel veya marmelat ile servis yapın.

Çilekli pandispanya

18 yıl önce

5 yumurta sarısı

75 g / 3 oz / 1/3 su bardağı pudra şekeri (süper ince)

Bir tutam tuz

½ limonun rendelenmiş kabuğu

4 yumurta akı

40 g / 1½ oz / 1/3 bardak mısır nişastası (mısır nişastası)

40 g / 1½ oz / 1/3 su bardağı sade un (çok amaçlı)

40 g / 1½ oz / 3 yemek kaşığı eritilmiş tereyağı veya margarin

300 ml / ½ pt / 1¼ bardak çırpılmış krema

Çilek 225g

Üzerine serpmek için elenmiş pudra şekeri

Yumurta sarılarını 25 gr pudra şekeri ile köpük köpük oluncaya kadar çırpın, ardından tuz ve limon kabuğunu ekleyin. Yumurta aklarını sertleşinceye kadar çırpın, ardından kalan pudra şekerini ekleyin ve sert ve parlak oluncaya kadar çırpmaya devam edin. Yumurta sarısını karıştırın, ardından mısır unu ve unu ilave edin. Eritilmiş tereyağı veya margarini ekleyin. Karışımı 1/2 cm'lik düz uçlu sıkma torbasına aktarın ve yağlanmış ve astarlı kurabiye kağıdına (bisküvi) 15 cm/6 cm'lik daireler halinde sıkın. Önceden 220°C'ye ısıtılmış fırında 10 dakika, üzeri kızarana kadar ama kahverengileşmeyene kadar pişirin. Soğumaya bırakın.

Kremayı sert bir köpük haline gelinceye kadar çırpın. Her dairenin yarısına ince bir tabaka halinde yayın, üzerine çilekleri yerleştirin ve kremayla bitirin. "Omletlerin" üst yarısını katlayın. Üzerine pudra şekeri serpip servis yapın.

Nane kurabiyeleri

12 yıl önce

100 g / 4 oz / ½ fincan tereyağı veya margarin, yumuşatılmış

100 g / 4 oz / ½ bardak pudra şekeri (süper ince)

2 yumurta, hafifçe dövülmüş

75 g / 3 oz / ¾ bardak kendiliğinden kabaran un (kendiliğinden kabaran)

10 ml / 2 çay kaşığı kakao (şekersiz çikolata) tozu

Bir tutam tuz

225 g / 8 oz / 11/3 su bardağı pudra şekeri (şekerleme), elenmiş

30 ml / 2 yemek kaşığı su

Birkaç damla yeşil gıda boyası

Birkaç damla nane esansı (özü)

Dekorasyon için ikiye bölünmüş çikolatalı nane

Tereyağı veya margarini ve şekeri köpürene kadar çırpın, ardından yumurtaları yavaş yavaş ekleyin. Un, kakao ve tuzu karıştırın. Yağlanmış fırın tepsilerine dökün ve önceden 200°C'ye ısıtılmış fırında 10 dakika, dokunulduğunda elastik hale gelinceye kadar pişirin. Soğumaya bırakın.

Pudra şekerini bir kaseye eleyip 15 ml / 1 yemek kaşığı su ile karıştırdıktan sonra isteğe göre gıda boyası ve nane özünü ekleyin. Kaşığın arkasını kaplayacak bir kıvam elde etmek için gerekirse daha fazla su ekleyin. Kremayı keklerin üzerine sürün ve çikolatalı şekerlemelerle süsleyin.

Üzümlü kek

12 yıl önce

175 g / 6 oz / 1 su bardağı kuru üzüm

250 ml / 8 fl oz / 1 su bardağı su

5 ml / 1 çay kaşığı karbonat (karbonat)

100 g / 4 oz / ½ fincan tereyağı veya margarin, yumuşatılmış

100 g / 4 oz / ½ bardak yumuşak esmer şeker

1 çırpılmış yumurta

5 ml / 1 çay kaşığı vanilya özü (ekstresi)

200 g / 7 oz / 1¾ su bardağı sade un (çok amaçlı)

5 ml / 1 çay kaşığı kabartma tozu

Bir tutam tuz

Kuru üzümleri, suyu ve karbonatı bir tavada kaynatın ve kısık ateşte 3 dakika pişirin. Ilık bir sıcaklığa soğumaya bırakın. Tereyağı veya margarini ve şekeri köpürene kadar çırpın. Yavaş yavaş yumurta ve vanilya özünü ekleyin. Kuru üzüm karışımına karıştırın, ardından un, kabartma tozu ve tuzu ekleyip karıştırın. Karışımı muffin kalıplarına (kağıtlara) veya yağlanmış muffin kalıplarına (kalıplara) dökün ve önceden 180°C'ye ısıtılmış fırında iyice kabarıp altın rengi kahverengi olana kadar 12-15 dakika pişirin.

Kuru üzüm salkımları

24 yıl önce

225 g / 8 oz / 2 su bardağı sade un (çok amaçlı)

Bir tutam öğütülmüş baharat (elmalı turta)

5 ml / 1 çay kaşığı karbonat (karbonat)

225 g / 8 oz / 1 su bardağı pudra şekeri (çok ince)

45 ml / 3 yemek kaşığı öğütülmüş badem

225 g / 8 oz / 1 su bardağı eritilmiş tereyağı veya margarin

45 ml / 3 yemek kaşığı kuru üzüm

1 yumurta, hafifçe çırpılmış

Kuru malzemeleri karıştırın, ardından eritilmiş tereyağı veya margarini, ardından kuru üzümleri ve yumurtayı ekleyin. Sert bir kütle elde edilene kadar iyice karıştırın. Hafifçe unlanmış zeminde 5 mm kalınlığında açın ve 5 mm x 20 cm'lik şeritler halinde kesin. Üst yüzeyi biraz suyla hafifçe nemlendirin, ardından her kısa uç şeridini yuvarlayın. Yağlanmış (bisküvi) tepsiye yerleştirin ve önceden ısıtılmış fırında 200 °C / gaz işareti 6'da 15 dakika altın rengi kahverengi olana kadar pişirin.

ahududu çörekler

12 somun ekmek yapar

225 g / 8 oz / 2 su bardağı sade un (çok amaçlı)

7,5 ml / ½ yemek kaşığı kabartma tozu

2,5 ml / ½ çay kaşığı öğütülmüş baharat (elmalı turta)

Bir tutam tuz

75 g / 3 oz / 1/3 su bardağı tereyağı veya margarin

75 g pudra şekeri (süper ince), ayrıca serpmek için ekstra şeker

1 yumurta

60 ml / 4 yemek kaşığı süt

60 ml / 4 yemek kaşığı ahududu reçeli (konserve)

Unu, kabartma tozunu, baharatları ve tuzu karıştırın, ardından karışım ekmek kırıntısı görünümü alana kadar tereyağı veya margarine batırın. Şekeri ekleyin. Sert bir hamur elde etmek için yumurtayı ve yeterli sütü karıştırın. 12 parçaya bölün ve yağlanmış fırın tepsisine dizin. Her birinin ortasına parmağınızla çukur açıp üzerine ahududu reçeli sürün. Üzerine süt sürün ve üzerine pudra şekeri serpin. Önceden 220°C'ye ısıtılmış fırında 10-15 dakika altın rengi kahverengi olana kadar pişirin. İstenirse üstüne biraz daha reçel ekleyin.

Kahverengi pirinç ve ayçiçeği kekleri

12 yıl önce

75 g / 3 oz / ¾ bardak pişmiş kahverengi pirinç

50 g / 2 oz / ½ bardak ayçiçeği çekirdeği

25 g / 1 oz / ¼ bardak susam

40 gr kuru üzüm

40 gr sırlı kiraz (şekerlenmiş), dörde bölünmüş

25 g / 1 oz / 2 yemek kaşığı yumuşak esmer şeker

15 ml / 1 yemek kaşığı saf bal

75 g / 3 oz / 1/3 su bardağı tereyağı veya margarin

5 ml / 1 çay kaşığı limon suyu

Pirinci, tohumları ve meyveleri karıştırın. Şeker, bal, tereyağı veya margarini ve limon suyunu eritip pirinç karışımına ekleyin. 12 kalıba (şeker kağıdı) dökün ve önceden ısıtılmış fırında 200 °C / 400 °F / gaz işareti 6'da 15 dakika pişirin.

Kaya kek

12 yıl önce

225 g / 8 oz / 2 su bardağı sade un (çok amaçlı)

Bir tutam tuz

10 ml / 2 çay kaşığı kabartma tozu

50 g / 2 oz / ¼ bardak tereyağı veya margarin

50 g / 2 oz / ¼ bardak domuz yağı (katı yağ)

100 g / 4 oz / 2/3 su bardağı karışık kurutulmuş meyve (meyveli kek karışımı)

100 g / 4 oz / ½ bardak demerara şekeri

½ limonun rendelenmiş kabuğu

1 yumurta

15-30 ml / 1-2 yemek kaşığı süt

Unu, tuzu ve kabartma tozunu karıştırın, ardından tereyağı veya margarin ve katı yağı karışım ekmek kırıntısı görünümüne gelinceye kadar ovalayın. Meyveleri, şekeri ve limon kabuğu rendesini ekleyin. Yumurtayı 15 ml / 1 yemek kaşığı süt ile çırpın, kuru malzemeleri ekleyin ve sert bir hamur elde edinceye kadar karıştırın, gerekirse daha fazla süt ekleyin. Karışımdan küçük parçalar halinde yağlanmış (bisküvi) tepsiye yerleştirin ve önceden ısıtılmış 200°C fırında 15-20 dakika altın rengi oluncaya kadar pişirin.

Şekersiz Kaya Kekleri

12 yıl önce

75 g / 3 oz / 1/3 su bardağı tereyağı veya margarin

175 g / 6 oz / 1¼ su bardağı tam buğday unu (tam buğday)

50 g / 2 oz / ½ bardak yulaf ezmesi

10 ml / 2 çay kaşığı kabartma tozu

5 ml / 1 çay kaşığı tarçın tozu

100 g / 4 oz / 2/3 bardak kuru üzüm (altın kuru üzüm)

1 limonun rendelenmiş kabuğu

1 yumurta, hafifçe çırpılmış

90 ml / 6 yemek kaşığı süt

Tereyağı veya margarini un, kabartma tozu ve tarçınla, karışım ekmek kırıntısı görünümüne gelinceye kadar ovalayın. Kuru üzümleri ve limon kabuğu rendesini karıştırın. Pürüzsüz bir macun elde etmek için yumurtayı ve yeterli sütü ekleyin. Tereyağlı (bisküvi) tepsiye kaşıkla dökün ve önceden 200°C'ye ısıtılmış fırında 15-20 dakika altın rengi oluncaya kadar pişirin.

safranlı kek

12 yıl önce

Bir tutam öğütülmüş safran

75 ml / 5 yemek kaşığı kaynar su

75 ml / 5 yemek kaşığı soğuk su

100 g / 4 oz / ½ fincan tereyağı veya margarin, yumuşatılmış

225 g / 8 oz / 1 su bardağı pudra şekeri (çok ince)

2 yumurta, hafifçe dövülmüş

225 g / 8 oz / 2 su bardağı sade un (çok amaçlı)

10 ml / 2 çay kaşığı kabartma tozu

2,5 ml / ½ çay kaşığı tuz

175 g / 6 oz / 1 bardak kuru üzüm (altın kuru üzüm)

175 g / 6 oz / 1 su bardağı doğranmış karışık kabuklu (şekerlenmiş)

Safranı kaynar suda 30 dakika bekletin, ardından soğuk su ekleyin. Tereyağı veya margarini ve şekeri köpürene kadar çırpın, ardından yumurtaları yavaş yavaş ekleyin. Unu kabartma tozu ve tuzla karıştırın, ardından kuru üzüm ve karışık kabuklu un karışımından 50 gr ekleyin. Unu dönüşümlü olarak safranlı suyla krema karışımına karıştırın, ardından meyveyi ekleyin. Kalıplara (kağıtlara) veya yağlanmış ve unlanmış kalıplara (forminhas) dökün ve önceden ısıtılmış fırında 190 °C / 375 °F / gaz işareti 5'te yaklaşık 15 dakika, dokunulabilecek kadar esnek olana kadar pişirin.

Romlu Bebekler

8 yapar

100 g / 4 oz / 1 su bardağı sade, kuvvetli un (ekmek)

5 ml / 1 çay kaşığı kolay karıştırılabilen kuru maya

Bir tutam tuz

45 ml / 3 yemek kaşığı ılık süt

2 yumurta, hafifçe dövülmüş

50 g / 2 oz / ¼ bardak eritilmiş tereyağı veya margarin

25 g / 1 oz / 3 yemek kaşığı kuş üzümü

Şurup için:

250 ml / 8 fl oz / 1 su bardağı su

75 g / 3 oz / 1/3 su bardağı toz şeker

20 ml / 4 çay kaşığı limon suyu

60 ml / 4 yemek kaşığı rom

Sır ve dekorasyon için:

60 ml / 4 yemek kaşığı kayısı reçeli (konserve), elenmiş (filtrelenmiş)

15 ml / 1 yemek kaşığı su

150 ml / ¼ pt / 2/3 su bardağı krem şanti veya çift krema (ağır)

4 sırlı (şekerlenmiş) kiraz, ikiye bölünmüş

Üçgen şeklinde kesilmiş birkaç şerit melekotu

Unu, kabartma tozunu ve tuzu bir kapta karıştırıp ortasını havuz şeklinde açın. Süt, yumurta ve tereyağı veya margarini karıştırıp unla homojen bir hamur yapın. Kuş üzümlerini topla. Hamuru tereyağlanmış ve unlanmış sekiz kalıba (tüp kalıplara) kalıpların sadece üçte biri kabaracak şekilde bölün. Yağlı plastik film (folyo) ile örtün ve hamur kalıpların üstüne çıkana kadar 30 dakika ılık bir yerde dinlendirin. Önceden 200°C'ye ısıtılmış fırında 15 dakikada altın rengi kahverengi olana kadar pişirin. Kalıpları ters çevirin ve 10 dakika soğumasını bekleyin, ardından kekleri kalıplardan çıkarın ve geniş, düz bir tabağa yerleştirin. Her şeyi çatalla delin.

Şurubu hazırlamak için su, şeker ve limon suyunu kısık ateşte, şeker eriyene kadar karıştırarak ısıtın. Isıyı artırın ve kaynatın. Ateşten alıp romu ekleyin. Kekleri sıcak şurupla yağlayın ve 40 dakika dinlendirin.

Reçeli ve suyu iyice karışana kadar kısık ateşte ısıtın. Dadıları fırçalayın ve bir tabağa koyun. Kremayı çırpın ve her pastanın ortasına yerleştirin. Kiraz ve melekotu kökü ile süsleyin.

pandispanya

24 yıl önce

5 yumurta sarısı

75 g / 3 oz / 1/3 su bardağı pudra şekeri (süper ince)

7 yumurta akı

75 g / 3 oz / ¾ bardak mısır unu (mısır nişastası)

50 g / 2 oz / ½ bardak sade un (çok amaçlı)

Yumurta sarılarını 15 ml / 1 yemek kaşığı şekerle köpürene ve koyulaşana kadar çırpın. Yumurta aklarını sertleşene kadar çırpın, ardından kalan şekeri koyu ve parlak olana kadar ekleyin. Mısır ununu metal bir kaşıkla karıştırın. Yumurta sarısının yarısını metal bir kaşıkla beyazlara, kalan sarısını da ekleyin. Unu çok dikkatli bir şekilde karıştırın. Karışımı standart 2,5 cm / 1 ağızlık (uç) takılı bir sıkma torbasına aktarın ve yuvarlak kekleri iyice ayrılmış, yağlanmış ve astarlı (bisküvi) tepsiye sıkın. Önceden ısıtılmış fırında 200°C/400°F/gaz işareti 6'da 5 dakika pişirin, ardından fırın sıcaklığını 180°C/350°F/gaz işareti 4'e düşürerek 10 dakika daha altın kahverengi ve esnek bir kıvama gelinceye kadar pişirin. dokunuş.

Çikolatalı sünger kek

12 yıl önce

5 yumurta sarısı

75 g / 3 oz / 1/3 su bardağı pudra şekeri (süper ince)

7 yumurta akı

75 g / 3 oz / ¾ bardak mısır unu (mısır nişastası)

50 g / 2 oz / ½ bardak sade un (çok amaçlı)

60 ml / 4 yemek kaşığı kayısı reçeli (konserve), elenmiş (filtrelenmiş)

30 ml / 2 yemek kaşığı su

1 porsiyon pişmiş çikolata kaplama

150 ml / ¼ pt / 2/3 bardak ağır krema

Yumurta sarılarını 15 ml / 1 yemek kaşığı şekerle köpürene ve
koyulaşana kadar çırpın. Yumurta aklarını sertleşene kadar çırpın,
ardından kalan şekeri koyu ve parlak olana kadar ekleyin. Mısır
ununu metal bir kaşıkla karıştırın. Yumurta sarısının yarısını metal
bir kaşıkla beyazlara, kalan sarısını da ekleyin. Unu çok dikkatli bir
şekilde karıştırın. Karışımı standart 2,5 cm / 1 ağızlık (uç) takılı bir
sıkma torbasına aktarın ve yuvarlak kekleri iyice ayrılmış,
yağlanmış ve astarlı (bisküvi) tepsiye sıkın. Önceden ısıtılmış
fırında 200°C/400°F/gaz işareti 6'da 5 dakika pişirin, ardından
fırın sıcaklığını 180°C/350°F/gaz işareti 4'e düşürerek 10 dakika
daha altın kahverengi ve esnek bir kıvama gelinceye kadar pişirin.
dokunuş. Izgaraya taşıyın.

Reçel ve suyu koyulaşana ve iyice karışana kadar kaynatın,
ardından keklerin üzerine yayın. Soğumaya bırakın.
Pandispanyaları çikolata sosuna batırın ve soğumaya bırakın.
Kremayı sert bir köpük haline gelinceye kadar çırpın, ardından
kremayı kek çiftlerinin üzerindeki sandviçlerin üzerine yayın.

yaz kartopu

24 yıl önce

100 g / 4 oz / ½ fincan tereyağı veya margarin, yumuşatılmış

100 g / 4 oz / ½ bardak pudra şekeri (süper ince)

5 ml / 1 çay kaşığı vanilya özü (ekstresi)

2 yumurta, hafifçe dövülmüş

225 g / 8 oz / 2 su bardağı kendiliğinden kabaran un (kendiliğinden kabaran)

120 ml / 4 fl oz / ½ su bardağı süt

120 ml / 4 fl oz / ½ bardak çift krema (ağır)

25g / 1oz / 3 yemek kaşığı elenmiş pudra şekeri (şekerleme)

60 ml / 4 yemek kaşığı kayısı reçeli (konserve), elenmiş (filtrelenmiş)

30 ml / 2 yemek kaşığı su

150 g / 5 oz / 1¼ su bardağı kurutulmuş hindistan cevizi (rendelenmiş)

Tereyağı veya margarini ve şekeri köpürene kadar çırpın. Vanilya ekstraktını ve yumurtayı yavaş yavaş karıştırın, ardından unu sütle dönüşümlü olarak ekleyin. Karışımı yağlanmış muffin kalıplarına dökün ve önceden 180°C'ye ısıtılmış fırında, iyice kabarıncaya ve dokunulduğunda elastik hale gelinceye kadar 15 dakika pişirin. Soğutmak için bir tel rafın üzerine yerleştirin. Muffinlerin üst kısımlarını kesin.

Kremayı ve pudra şekerini sertleşene kadar çırpın, ardından her bir çörek üzerine bir miktar kaşık koyun ve kapağını kapatın. Reçeli pürüzsüz hale gelinceye kadar suyla ısıtın, muffinlerin üzerine yayın ve üzerine bolca kıyılmış hindistan cevizi serpin.

Sünger damlaları

12 yıl önce

3 çırpılmış yumurta

100 g / 4 oz / ½ bardak pudra şekeri (süper ince)

2,5 ml / ½ çay kaşığı vanilya özü (ekstresi)

100 g / 4 oz / 1 su bardağı sade un (çok amaçlı)

5 ml / 1 çay kaşığı kabartma tozu

100 g / 4 oz / 1/3 bardak ahududu reçeli (konserve)

150 ml / ¼ pt / 2/3 su bardağı çift krema (ağır), çırpılmış

Üzerine serpmek için elenmiş pudra şekeri

Yumurtaları, pudra şekerini ve vanilya özünü, kaynayan suyun üzerine ısıya dayanıklı bir kaseye koyun ve koyulaşana kadar çırpın. Kaseyi tavadan alıp un ve mayayı ekleyin. Yağlanmış tepsiye (bisküvi) karışımdan küçük kaşıklar koyun ve önceden ısıtılmış 190°C fırında 10 dakika altın rengi oluncaya kadar pişirin. Tel ızgara üzerine yerleştirin ve soğumaya bırakın. Damlaları reçelli ekşi kremalı sandviçin üzerine yerleştirin ve üzerine pudra şekeri serperek servis yapın.

Temel beze

6-8 yapar

2 yumurta akı

100 g / 4 oz / ½ bardak pudra şekeri (süper ince)

Yumurta aklarını temiz, yağsız bir kapta yumuşak tepeler oluşana kadar çırpın. Şekerin yarısını ekleyin ve sert tepecikler oluşuncaya kadar çırpmaya devam edin. Kalan şekeri metal bir kaşıkla karıştırın. Bir tepsiye (bisküvi) pişirme kağıdı serin ve tepsiye 6-8 adet beze yerleştirin. Bezeyi fırında 2-3 saat mümkün olan en düşük ayarda kurutun. Tel ızgara üzerinde soğumaya bırakın.

badem kreması

12 yıl önce

2 yumurta akı

100 g / 4 oz / ½ toz şeker (çok ince)

100 g / 4 oz / 1 su bardağı öğütülmüş badem

Birkaç damla badem özü (özü)

Süslemek için 12 adet yarım badem

Yumurta aklarını sert bir köpük haline getirin. Şekerin yarısını ekleyin ve sert zirveler oluşana kadar çırpın. Kalan şekeri, öğütülmüş bademleri ve badem özünü ekleyin. Kütleyi yağlanmış ve astarlanmış bir fırın tepsisine (bisküvi) 12 daire halinde dökün ve her birinin üzerine yarım badem koyun. Önceden 130°C'ye ısıtılmış fırında 2-3 saat, üzeri kızarana kadar pişirin.

İspanyol bademli kremalı kurabiye

16 yıl önce

225 g / 8 oz / 1 su bardağı toz şeker

225 g / 8 oz / 2 su bardağı öğütülmüş badem

1 yumurta beyazı

100 g / 4 oz / 1 su bardağı bütün badem

Şekeri, öğütülmüş bademleri ve yumurta beyazını pürüzsüz hale gelinceye kadar çırpın. Bir top oluşturun ve hamuru oklava ile düzeltin. Küçük dilimler halinde kesip yağlanmış fırın tepsisine dizin. Her bisküvinin (bisküvi) ortasına bir bütün badem bastırın. Önceden ısıtılmış fırında 160°C/325°F/gaz işareti 3'te 15 dakika pişirin.

sevimli beze sepetleri

6 yapar

4 yumurta akı

225-250g / 8-9oz / 1l / 3-1½ su bardağı pudra şekeri, elenmiş

Birkaç damla vanilya özü (özü)

Yumurta aklarını temiz, yağsız, ısıya dayanıklı bir kapta köpürene kadar çırpın, ardından pudra şekerini ve ardından vanilya özütünü ekleyin. Kaseyi hafifçe kaynayan suyun üzerine yerleştirin ve beze şeklini koruyup, çırpma teli çıkarıldığında kalın bir iz bırakıncaya kadar karıştırın. Bir (bisküvi) tepsisini pişirme kağıdıyla kaplayın ve kağıdın üzerine 7,5 cm'lik altı daire çizin. Beze karışımının yarısını kullanarak her daireye bir kat beze koyun. Geri kalanını sıkma torbasına koyun ve her tabanın kenarına iki kat beze sıkın. Yaklaşık 45 dakika boyunca 150°C/300°F/gaz işareti 2'de önceden ısıtılmış bir fırında kurutun.

Badem Fırında Patates

10 yıl önce

2 yumurta akı

100 g / 4 oz / ½ bardak pudra şekeri (süper ince)

75 g / 3 oz / ¾ bardak öğütülmüş badem

25 g / 1 oz / 2 yemek kaşığı tereyağı veya margarin, yumuşatılmış

50 g / 2 oz / 1/3 su bardağı pudra şekeri, elenmiş

10 ml / 2 çay kaşığı kakao (şekersiz çikolata) tozu

50 g / 2 oz / ½ fincan sade (yarı tatlı) çikolata, eritilmiş

Yumurta aklarını sert bir köpük haline getirin. Pudra şekerini azar azar karıştırarak ilave edin. Öğütülmüş bademleri ekleyin. 1 cm / ½ uzunlukta bir boru (uç) kullanarak, karışımı 5 cm / 2 uzunlukta hafifçe yağlanmış bir (kurabiye) tavaya sıkın. Önceden ısıtılmış fırında 140°C / 275°F / gaz işareti 1'de 1-1,5 saat pişirin. Soğumaya bırakın.

Tereyağı veya margarini, pudra şekerini ve kakaoyu köpürene kadar karıştırın. Dolgulu sandviç bisküvi (kurabiye). Çikolatayı, kaynayan suyun üzerinde ısıya dayanıklı bir kapta eritin. Bezenin kenarını çikolataya batırın ve tel ızgara üzerinde soğumaya bırakın.

İspanyol bademli ve limonlu beze

30 yıl önce

150 g / 5 oz / 1¼ bardak beyazlatılmış badem

2 yumurta akı

½ limonun rendelenmiş kabuğu

200 g / 7 oz / biraz 1 su bardağı pudra şekeri (çok ince)

10 ml / 2 çay kaşığı limon suyu

Bademleri önceden ısıtılmış fırında 150°C/300°F/gaz işareti 2'de yakl. 30 dakika içinde altın rengi kahverengi ve aromatik olana kadar kızartın. Cevizlerin üçte birini kabaca doğrayın, geri kalanını ince ince öğütün.

Yumurta aklarını sert bir köpük haline getirin. Limon kabuğu rendesini ve şekerin üçte ikisini ekleyin. Limon suyunu ekleyin ve sert ve parlak olana kadar çırpın. Kalan şekeri ve öğütülmüş bademleri ekleyin. Kıyılmış bademleri ekleyin. Alüminyum folyoyla kaplı yağlanmış bir fırın tepsisine bezeyi kaşıkla dökün ve önceden ısıtılmış fırına koyun. Fırın sıcaklığını hemen 110°C / 225°F / ¼ gaz işaretine düşürün ve yakl. Kuruyana kadar 1½ saat pişirin.

Çikolatalı krema ile beze

4 yapar

2 yumurta akı

100 g / 4 oz / ½ bardak pudra şekeri (süper ince)

100 g / 4 oz / 1 bardak sade çikolata (yarı tatlı)

150 ml / ¼ pt / 2/3 su bardağı çift krema (ağır), çırpılmış

Yumurta aklarını temiz, yağsız bir kapta yumuşak tepeler oluşana kadar çırpın. Şekerin yarısını ekleyin ve sert tepecikler oluşuncaya kadar çırpmaya devam edin. Kalan şekeri metal bir kaşıkla karıştırın. Bir fırın tepsisini (bisküvi) pişirme kağıdıyla kaplayın ve sekiz adet bezeyi fırın tepsisine yerleştirin. Bezeyi fırında 2-3 saat mümkün olan en düşük ayarda kurutun. Tel ızgara üzerinde soğumaya bırakın.

Çikolatayı, kaynayan suyun üzerinde ısıya dayanıklı bir kapta eritin. Biraz soğumaya bırakın. Bezelerin dördünü dışını kaplayacak şekilde dikkatlice çikolataya batırın. Sertleşene kadar pişirme kağıdı (mumlu) üzerinde dinlendirin. Kremayı çikolata kaplı beze ve sade beze ekleyin ve diğer beze ile aynı işlemi tekrarlayın.

Nane çikolatalı krema

18 yıl önce

3 yumurta akı

100 g / 4 oz / ½ bardak pudra şekeri (süper ince)

75 g / 3 oz / ¾ bardak doğranmış çikolata kaplı şeker

Yumurta aklarını sert bir köpük haline getirin. Beyazlar sert ve parlak oluncaya kadar yavaş yavaş şekeri ekleyin. Doğranmış topları ekleyin. Karışımdan küçük kaşıklar halinde yağlanmış ve astarlanmış bir fırın tepsisine (bisküvi) koyun ve önceden ısıtılmış 140°C fırında gaz işareti 1 ile kuruyana kadar bir buçuk saat pişirin.

Çikolata parçacıkları ve cevizli krema

12 yıl önce

2 yumurta akı

175 g / 6 oz / ¾ bardak pudra şekeri (süper ince)

50 g / 2 oz / ½ fincan çikolata parçaları

25 g / 1 oz / ¼ bardak ceviz, ince doğranmış

Fırını 190°C / 375°F / gaz işareti 5'e önceden ısıtın. Yumurta aklarını yumuşak zirveler oluşuncaya kadar çırpın. Yavaş yavaş şekeri ekleyin ve sert zirveler oluşana kadar çırpın. Çikolata parçacıklarını ve fındıkları ekleyin. Yağlanmış fırın tepsisine karışımdan birer kaşık döküp fırına verin. Fırını kapatıp soğumaya bırakın.

fındık kreması

12 yıl önce

100 g / 4 oz / 1 su bardağı fındık

2 yumurta akı

100 g / 4 oz / ½ bardak pudra şekeri (süper ince)

Birkaç damla vanilya özü (özü)

12 adet cevizi süslemek için ayırın, geri kalanını ezin. Yumurta aklarını sert bir köpük haline getirin. Şekerin yarısını ekleyin ve sert zirveler oluşana kadar çırpın. Kalan şekeri, öğütülmüş fındığı ve vanilya özünü ekleyin. Kütleyi yağlanmış, astarlı bir tavaya 12 daire halinde dökün ve her birinin üzerine bir ceviz koyun. Önceden 130°C'ye ısıtılmış fırında 2-3 saat, üzeri kızarana kadar pişirin.

Cevizli kremalı kek

23 cm'lik bir pasta yapar

Kek için:

50 g / 2 oz / ¼ bardak tereyağı veya margarin, yumuşatılmış

150 g / 5 oz / 2/3 su bardağı pudra şekeri (çok ince)

4 ayrı yumurta

100 g / 4 oz / 1 su bardağı sade un (çok amaçlı)

10 ml / 2 çay kaşığı kabartma tozu

Bir tutam tuz

60 ml / 4 yemek kaşığı süt

5 ml / 1 çay kaşığı vanilya özü (ekstresi)

50 g / 2 oz / ½ bardak ceviz, doğranmış

Krema için:

250 ml / 8 fl oz / 1 su bardağı süt

50 g / 2 oz / ¼ bardak pudra şekeri (süper ince)

50 g / 2 oz / ½ bardak sade un (çok amaçlı)

1 yumurta

Bir tutam tuz

120 ml / 4 fl oz / ½ bardak çift krema (ağır)

Kek yapmak için tereyağı veya margarini 100 gr şekerle köpürene kadar karıştırın. Yumurta sarısını azar azar ekleyin, un, kabartma tozu ve tuzu, dönüşümlü olarak süt ve vanilya özünü ekleyin. Yağlanmış ve unlanmış 23 cm'lik iki kek kalıbına dökün ve yüzeyini düzeltin. Yumurta aklarını sert bir köpük haline gelinceye kadar çırpın, ardından kalan şekeri ekleyin ve tekrar sert bir köpük haline gelinceye kadar çırpın. Kek karışımını yayıp üzerine ceviz serpin. Beze kuruyana kadar önceden 150°C'ye ısıtılmış fırında 45 dakika pişirin. Soğutmak için bir tel rafın üzerine yerleştirin.

Krema için sütün bir kısmını şeker ve unla karıştırın. Kalan sütü bir tencerede kaynatın, üzerine şekeri dökün ve pürüzsüz hale gelinceye kadar karıştırın. Sütü tekrar durulanmış tencereye dökün ve sürekli karıştırarak kaynatın, ardından sürekli karıştırarak koyulaşana kadar pişirin. Ocaktan alıp yumurtayı ve tuzu ekleyip biraz soğumaya bırakın. Kremayı sert bir köpük haline getirin ve kütleye karıştırın. Soğumaya bırakın. Kekleri kremayla birlikte bir sandviçin üzerine koyun.

Fındıklı makarna dilimleri

20 yıl önce

175 g / 6 oz / 1½ su bardağı fındık, beyazlatılmış

3 yumurta akı

225 g / 8 oz / 1 su bardağı pudra şekeri (çok ince)

5 ml / 1 çay kaşığı vanilya özü (ekstresi)

5 ml / 1 çay kaşığı tarçın tozu

5 ml / 1 çay kaşığı rendelenmiş limon kabuğu

Pirinç kağıdı

Fındıktan yakl. 12 parçayı doğrayın ve geri kalanını ince ince öğütün. Yumurta aklarını hafif ve köpüklü bir krema elde edinceye kadar çırpın. Yavaş yavaş şekeri ekleyin ve sert tepe noktaları oluşana kadar çırpmaya devam edin. Fındıkları, vanilya özünü, tarçını ve limon kabuğu rendesini ekleyin. Pirinç kağıdıyla kaplı bir fırın tepsisine bir çay kaşığı dolusu koyun ve ince şeritler halinde açın. 1 saat kadar bekletin. Önceden 180°C'ye ısıtılmış fırında 12 dakika, sertleşinceye kadar pişirin.

Beze ve fındık katmanı

25 cm'lik pasta yapar / 10

100 g / 4 oz / ½ fincan tereyağı veya margarin, yumuşatılmış

400 g / 14 oz / 1¾ bardak pudra şekeri (çok ince)

3 yumurta sarısı

100 g / 4 oz / 1 su bardağı sade un (çok amaçlı)

10 ml / 2 çay kaşığı kabartma tozu

120 ml / 4 fl oz / ½ su bardağı süt

100 g / 4 oz / 1 bardak ceviz

4 yumurta akı

250 ml / 8 fl oz / 1 su bardağı çift krema (ağır)

5 ml / 1 çay kaşığı vanilya özü (ekstresi)

Üzerine serpmek için kakao (şekersiz çikolata) tozu

Tereyağı veya margarini ve 75 g/¾ su bardağı şekeri hafif ve kabarık olana kadar çırpın. Yumurta sarısını azar azar ekleyin, ardından un ve mayayı sütle dönüşümlü olarak ekleyin. Hamuru yağlanmış ve unlanmış 25 cm'lik iki kek kalıbına (forminhas) dökün. Yarım cevizlerin bir kısmını dekorasyon için ayırın, geri kalanını küçük parçalar halinde doğrayın ve keklerin üzerine serpin. Yumurta aklarını sertleşene kadar çırpın, kalan şekeri ekleyin ve sertleşip parlaklaşana kadar tekrar çırpın. Bunu keklerin üzerine yayın ve önceden ısıtılmış 180°C/gaz 4 fırında 25 dakika pişirin, eğer beze çok fazla kızarmaya başlarsa, pişirme sonunda pastanın üzerini pişirme kağıdı (mumlu) ile örtün. Kalıplarda soğumaya bırakın, ardından kekleri beze ile birlikte ters çevirin.

Kremayı ve vanilya özünü sert bir köpük haline gelinceye kadar çırpın. Kekleri beze tarafı yukarı bakacak şekilde kremanın yarısıyla sandviçleyin, geri kalanını üstüne yayın. Kalan fındıklarla süsleyin ve üzerine elenmiş kakao serpin.

Beze Dağları

6 yapar

2 yumurta akı

100 g / 4 oz / ½ bardak pudra şekeri (süper ince)

150 ml / ¼ pt / 2/3 su bardağı çift krema (ağır)

350 g / 12 ons çilek, dilimlenmiş

25 g / 1 oz / ¼ bardak sade (yarı tatlı) çikolata, rendelenmiş

Yumurta aklarını sert bir köpük haline getirin. Şekerin yarısını ekleyin ve kalın ve parlak olana kadar çırpın. Kalan şekeri ekleyin. Altı beze dairesini pişirme kağıdıyla kaplı bir fırın tepsisine yuvarlayın. Önceden 140°C'ye ısıtılmış fırında 45 dakikada açık kahverengi ve gevrek oluncaya kadar pişirin. İçi oldukça yumuşak kalıyor. Tavadan alıp tel ızgara üzerinde soğumaya bırakın.

Kremayı sert bir köpük haline gelinceye kadar çırpın. Kremanın yarısını beze halkalarına yayın, üzerini meyvelerle kaplayın ve kalan kremayla süsleyin. Üzerine rendelenmiş çikolata serpin.

Ahududu Kremalı Beze

6 porsiyon

2 yumurta akı

100 g / 4 oz / ½ bardak pudra şekeri (süper ince)

150 ml / ¼ pt / 2/3 su bardağı çift krema (ağır)

30 ml / 2 yemek kaşığı pudra şekeri

Ahududu 225g

Yumurta aklarını temiz, yağsız bir kapta yumuşak tepeler oluşana kadar çırpın. Şekerin yarısını ekleyin ve sert tepecikler oluşuncaya kadar çırpmaya devam edin. Kalan şekeri metal bir kaşıkla hafifçe karıştırın. Bir (bisküvi) tepsisine pişirme kağıdı serin ve üzerine küçük bezeler gezdirin. Bezeyi fırında 2 saat boyunca mümkün olan en düşük ayarda kurutun. Tel ızgara üzerinde soğumaya bırakın.

Kremayı pudra şekeri ile sertleşene kadar çırpın, ardından ahududuları ekleyin. Birkaç bezeden sandviç yapmak ve bunları bir tabağa istiflemek için kullanın.

Ratafya kekleri

16 yıl önce

3 yumurta akı

100 g / 4 oz / 1 su bardağı öğütülmüş badem

225 g / 8 oz / 1 su bardağı pudra şekeri (çok ince)

Yumurta aklarını sert bir köpük haline getirin. Bademleri ve şekerin yarısını ekleyin, ardından sertleşene kadar tekrar çırpın. Kalan şekeri ekleyin. Küçük dilimleri yağlanmış ve astarlanmış bir fırın tepsisine (bisküvi) yerleştirin ve önceden ısıtılmış fırında 150 °C / 300 °F / gaz işareti 2'de kenarları kuru ve gevrek oluncaya kadar 50 dakika pişirin.

Karamel Vacherin

23 cm'lik bir pasta yapar

4 yumurta akı

225 g / 8 oz / 1 su bardağı yumuşak esmer şeker

50 g / 2 oz / ½ bardak fındık, doğranmış

300 ml / ½ pt / 1¼ bardak çift krema (ağır)

Süslemek için birkaç bütün fındık

Yumurta aklarını yumuşak zirveler oluşuncaya kadar çırpın. Sert ve parlak hale gelinceye kadar yavaş yavaş şekeri ekleyin. Bezeyi 1cm / ½ ağızlık (uç) takılmış düz bir sıkma torbasına yerleştirin ve iki adet 23cm / 9 beze spiralini yağlanmış ve astarlı (kurabiye) tepsisine sıkın. Üzerine 15 ml / 1 yemek kaşığı çekilmiş ceviz serpip önceden ısıtılmış 120°C fırında 2 saat üzeri kızarıncaya kadar pişirin. Soğutmak için bir tel rafın üzerine yerleştirin.

Kremayı sert bir köpük oluşana kadar çırpın, ardından kalan cevizleri ekleyin. Beze dilimlerini kremanın büyük kısmıyla birlikte koyun, kalan kremayla süsleyin ve üzerine bütün fındıkları serpin.

Sade köfte

10 yıl önce

225 g / 8 oz / 2 su bardağı sade un (çok amaçlı)

Bir tutam tuz

2,5 ml / ½ çay kaşığı karbonat (kabartma tozu)

5 ml / 1 çay kaşığı tartar kreması

50 g / 2 oz / ¼ bardak tereyağı veya margarin, küp şeklinde kesilmiş

30 ml / 2 yemek kaşığı süt

30 ml / 2 yemek kaşığı su

Unu, tuzu, kabartma tozunu ve tartar kremasını karıştırın. Tereyağı veya margarinde yuvarlayın. Yumuşak bir hamur elde edene kadar sütü ve suyu yavaş yavaş ekleyin. Unlu bir yüzeyde pürüzsüz hale gelinceye kadar hızla yoğurun, ardından 1 cm/½ kalınlığında açın ve kurabiye kalıbıyla 5 cm'lik daireler halinde kesin. Çörekleri (bisküvileri) yağlanmış bir tepsiye (bisküvi) yerleştirin ve önceden 230 °C'ye ısıtılmış fırında yaklaşık 15 dakika pişirin. İyice yükselene ve altın rengi kahverengi olana kadar 10 dakika pişirin.

Zengin yumurtalı köfte

12 yıl önce

50 g / 2 oz / ¼ bardak tereyağı veya margarin

225 g / 8 oz / 2 su bardağı kendiliğinden kabaran un (kendiliğinden kabaran)

10 ml / 2 çay kaşığı kabartma tozu

25 g / 1 oz / 2 yemek kaşığı pudra şekeri (çok ince)

1 yumurta, hafifçe çırpılmış

100 ml / 3½ fl oz / 6½ yemek kaşığı süt

Tereyağı veya margarini un ve mayayla karıştırın. Şekeri ekleyin. Yumuşak bir hamur elde edene kadar yumurtayı ve sütü ekleyin. Unlu bir yüzeyde hafifçe yoğurun, yakl. 1 cm/½ kalınlığında açın ve kurabiye kalıbıyla 2 cm/2 cm daireler kesin. Çip tekrar sarılır ve kesilir. Köfteleri (bisküvileri) yağlanmış bir tepsiye (bisküvi) yerleştirin ve önceden ısıtılmış 230°C / gaz işareti 8 fırında 10 dakika veya altın rengi kahverengi olana kadar pişirin.

Elmalı turta

12 yıl önce

225 g / 8 oz / 2 su bardağı tam buğday unu (tam buğday)

20 ml / 1½ yemek kaşığı kabartma tozu

Bir tutam tuz

50 g / 2 oz / ¼ bardak tereyağı veya margarin

30 ml / 2 yemek kaşığı rendelenmiş pişirme elması (turta)

1 çırpılmış yumurta

150 ml / ¼ pt / 2/3 su bardağı süt

Unu, kabartma tozunu ve tuzu karıştırın. Tereyağı veya margarini ekleyip elmaları ekleyin. Yumuşak bir hamur elde edene kadar yumurtayı ve sütü azar azar ekleyin. Hafifçe unlanmış bir yüzeyde yakl. 5 cm kalınlığında açın ve kurabiye kalıbıyla daireler halinde kesin. Çörekleri (bisküvileri) yağlanmış bir fırın tepsisine yerleştirin ve kalan yumurtayı üzerine sürün. Önceden ısıtılmış 200°C fırında 12 dakika, üzeri hafif kızarıncaya kadar pişirin.

Elma ve Hindistan cevizi çörekler

12 yıl önce

50 g / 2 oz / ¼ bardak tereyağı veya margarin

225 g / 8 oz / 2 su bardağı kendiliğinden kabaran un (kendiliğinden kabaran)

25 g / 1 oz / 2 yemek kaşığı pudra şekeri (çok ince)

30 ml / 2 yemek kaşığı kurutulmuş hindistan cevizi (rendelenmiş)

1 yemeklik (tatlı) elma, soyulmuş, çekirdeği çıkarılmış ve doğranmış

150 ml / ¼ pt / 2/3 su bardağı sade yoğurt

30 ml / 2 yemek kaşığı süt

Unun içine tereyağı veya margarini sürün. Şekeri, Hindistan cevizini ve elmayı ekleyin, ardından yoğurdu ekleyerek yumuşak bir hamur elde edin, gerekirse biraz süt ekleyin. Hafifçe unlanmış bir yüzeyde, 1/2 inç kalınlığa kadar açın ve kurabiye kalıbıyla yuvarlaklar halinde kesin. Çörekleri (bisküvileri) yağlanmış bir tepsiye (bisküvi) yerleştirin ve önceden 220 °C'ye ısıtılmış fırında 10-15 dakika kabarıp kızarana kadar pişirin.

Elma ve hurma çörekler

12 yıl önce

50 g / 2 oz / ¼ bardak tereyağı veya margarin

225 g / 8 oz / 2 su bardağı sade un (çok amaçlı)

5 ml / 1 çay kaşığı baharatlarla karıştırılmış (elmalı turta)

5 ml / 1 çay kaşığı tartar kreması

2,5 ml / ½ çay kaşığı karbonat (kabartma tozu)

25 g / 1 oz / 2 yemek kaşığı yumuşak esmer şeker

1 küçük elma (turta), soyulmuş, çekirdeği çıkarılmış ve doğranmış

50 g / 2 oz / 1/3 bardak çekirdekleri çıkarılmış hurma, doğranmış

45 ml / 3 yemek kaşığı süt

Tereyağı veya margarini un, karışık baharatlar, krem tartar ve kabartma tozu ile ovalayın. Şekeri, elmaları ve hurmaları ekleyin, ardından sütü ekleyin ve pürüzsüz hale gelinceye kadar karıştırın. Hafifçe yoğurup unlanmış zeminde 2,5 cm kalınlığında açın ve kurabiye kalıbıyla daire şeklinde kesin. Çörekleri (bisküvileri) yağlanmış bir tepsiye (bisküvi) yerleştirin ve önceden ısıtılmış fırında 220 °C / gaz işareti 7'de 12 dakika, kabarıp kızarana kadar pişirin.

kızarmış arpa

12 yıl önce

175 g / 6 oz / 1½ su bardağı arpa unu

50 g / 2 oz / ½ bardak sade un (çok amaçlı)

Bir tutam tuz

2,5 ml / ½ çay kaşığı karbonat (kabartma tozu)

2,5 ml / ½ çay kaşığı krem tartar

25 g / 1 oz / 2 yemek kaşığı tereyağı veya margarin

25 g / 1 oz / 2 yemek kaşığı yumuşak esmer şeker

100 ml / 3½ fl oz / 6½ yemek kaşığı süt

sır için yumurta sarısı

Unu, tuzu, kabartma tozunu ve tartar kremasını karıştırın. Tereyağı veya margarini ekmek kırıntısı haline gelinceye kadar çırpın, ardından yeterli miktarda şeker ve süt ekleyerek yumuşak bir hamur elde edin. Hafifçe unlanmış bir yüzeyde 2 cm/¾ kalınlığında açın ve kurabiye kalıbıyla daireler halinde kesin. Çörekleri (bisküvileri) yağlanmış bir fırın tepsisine yerleştirin ve üzerine yumurta sarısı sürün. Önceden 220°C'ye ısıtılmış fırında 10 dakika içinde altın rengi kahverengi olana kadar pişirin.

hurma çörekler

12 yıl önce

225 g / 8 oz / 2 su bardağı tam buğday unu (tam buğday)

2,5 ml / ½ çay kaşığı karbonat (kabartma tozu)

2,5 ml / ½ çay kaşığı krem tartar

2,5 ml / ½ çay kaşığı tuz

40 g / 1½ oz / 3 yemek kaşığı tereyağı veya margarin

15 ml / 1 yemek kaşığı pudra şekeri (süper ince)

100 g / 4 oz / 2/3 bardak çekirdekleri çıkarılmış hurma, doğranmış

Yaklaşık 100 ml / 3½ fl oz / 6½ yemek kaşığı ayran

Unu, kabartma tozunu, tartar kremasını ve tuzu karıştırın. Tereyağını veya margarini yayın, şekeri ve hurmaları ekleyin ve ortasını açın. Orta yumuşaklıkta bir hamur elde etmek için yeterli miktarda ayranı yavaş yavaş karıştırın. Açılıp üçgen şeklinde kesilir. Çörekleri (bisküvileri) yağlanmış bir fırın tepsisine (bisküvi) yerleştirin ve önceden 230 °C'ye ısıtılmış fırında 20 dakika içinde altın rengi kahverengi olana kadar pişirin.

Herbie Çörekler

8 yapar

175 g / 6 oz / ¾ bardak tereyağı veya margarin

225 g / 8 oz / 2 bardak sade, kuvvetli un (ekmek)

15 ml / 1 çay kaşığı kabartma tozu

Bir tutam tuz

5 ml / 1 çay kaşığı yumuşak esmer şeker

30 ml / 2 yemek kaşığı kurutulmuş ot karışımı

60 ml / 4 yemek kaşığı süt veya su

diş fırçalamak için süt

Tereyağı veya margarini un, kabartma tozu ve tuzla, karışım ekmek kırıntısı görünümüne gelinceye kadar ovalayın. Şekeri ve otları ekleyin. Yumuşak bir hamur elde etmek için yeterli miktarda süt veya su ekleyin. Hafifçe unlanmış bir yüzeyde ¾/2 cm kalınlığında açın ve kurabiye kalıbıyla daireler halinde kesin. Çörekleri (bisküvileri) yağlanmış bir tepsiye yerleştirin ve üzerine süt sürün. Önceden 200°C'ye ısıtılmış fırında, güzel bir altın rengi kahverengi olana kadar 10 dakika pişirin.

Çilekli Mousse Gateau

23 cm'lik bir pasta yapar

Kek için:

100 g / 4 oz / 1 su bardağı kendiliğinden kabaran un (kendiliğinden kabaran)

100 g / 4 oz / ½ fincan tereyağı veya margarin, yumuşatılmış

100 g / 4 oz / ½ bardak pudra şekeri (süper ince)

2 yumurta

Mus için:

15 ml / 1 yemek kaşığı jelatin tozu

30 ml / 2 yemek kaşığı su

450 gr / 1 pound çilek

3 yumurta, ayrılmış

75 g / 3 oz / 1/3 su bardağı pudra şekeri (süper ince)

5 ml / 1 çay kaşığı limon suyu

300 ml / ½ pt / 1¼ bardak çift krema (ağır)

30 ml / 2 yemek kaşığı file badem (pul), hafifçe kızartılmış

Kek malzemelerini pürüzsüz olana kadar karıştırın. Yağlanmış ve astarlı 23 cm'lik kek kalıbına (pişirme kalıbı) dökün ve önceden ısıtılmış 190°C fırında 25 dakika altın rengi kahverengi olana ve dokunulduğunda sertleşene kadar pişirin. Kalıptan çıkarıp soğumaya bırakın.

Köpüğü yapmak için jelatini bir kasedeki suyun üzerine serpin ve süngerimsi hale gelmesini bekleyin. Kabı sıcak suya koyun ve çözünmesini bekleyin. Biraz soğumaya bırakın. Bu arada 350 gr çileği çırpın ve çekirdeklerini atmak için bir elekten geçirin. Yumurta sarısını ve şekeri hafif ve kalın bir krema elde edinceye ve karışım çırpıcıdan şeritler halinde kayana kadar çırpın. Püreyi, limon suyunu ve jelatini ekleyin. Kremayı sert bir köpük haline getirin, ardından yarısını kütleye katlayın. Temiz bir çırpma teli ve bir kase kullanarak yumurta aklarını sert zirvelere kadar çırpın, ardından kütleye katlayın.

Pandispanyayı yatay olarak ikiye bölün ve yarısını folyo (plastik ambalaj) ile kaplı temiz bir kek kalıbının (pişirme kalıbı) tabanına yerleştirin. Kalan çilekleri kesip pandispanyanın üzerine dizin, üzerine aromalı kremayı sürün ve son olarak kekin ikinci katını sürün. Yavaşça basın. Sertleşene kadar buzdolabına koyun.

Servis yapmak için hamuru bir tabağa ters çevirin ve folyoyu (plastik ambalaj) çıkarın. Kalan kremayla süsleyip bademlerle süsleyin.

Noelde yakılan kütük

bir tane yap

3 yumurta

100 g / 4 oz / ½ bardak pudra şekeri (süper ince)

100 g / 4 oz / 1 su bardağı sade un (çok amaçlı)

50 g / 2 oz / ½ bardak sade (yarı tatlı) çikolata, rendelenmiş

15 ml / 1 yemek kaşığı sıcak su

Laminasyon için rafine (çok ince) şeker

Buzlanma (buzlanma) için:
175 g / 6 oz / ¾ bardak tereyağı veya margarin, yumuşatılmış

350 g / 12 oz / 2 su bardağı elenmiş pudra şekeri (şekerleme)

30 ml / 2 yemek kaşığı ılık su

30 ml / 2 yemek kaşığı kakao tozu (şekersiz çikolata) Süslemek için:

Holly ve kekik yaprakları (isteğe bağlı)

Sıcak su üzerine yerleştirilmiş ısıya dayanıklı bir kapta yumurtaları şekerle çırpın. Karışım sertleşene kadar çırpmaya devam edin, ardından çırpıcıyı şeritler halinde bırakın. Ateşten alıp soğuyuncaya kadar çırpın. Unun yarısını, ardından çikolatayı, kalan unu karıştırın ve suyu ekleyin. Yağlanmış ve astarlanmış bir İsviçre tavasına (jelatin tava) yerleştirin ve önceden ısıtılmış fırında 220°C7'de yaklaşık 10 dakika sertleşene kadar pişirin. Büyük bir parşömen (mumlu) kağıdına pudra şekeri serpin. Pastayı ters çevirin, kağıdın üzerine koyun ve kenarlarını kesin. Başka bir kağıtla örtün ve kısa kenarı boyunca hafifçe yuvarlayın.

Kremayı hazırlamak için tereyağı veya margarini pudra şekeri ile köpürene kadar karıştırın, ardından su ve kakaoyu ekleyin.

Soğuyan keki açın, kağıdı soyun ve kremanın yarısını yayın. Tekrar yuvarlayın ve kalan kremayla buzlayın, bir kütüğü andıracak şekilde çatalla çizikler atın. Üzerine biraz pudra şekeri serpip dilediğiniz gibi süsleyin.

Paskalya kapüşonlu kek

Bundan 20 cm'lik bir pasta yapılabilir

75 g / 3 oz / 1/3 su bardağı muskovado şekeri

3 yumurta

75 g / 3 oz / ¾ bardak kendiliğinden kabaran un (kendiliğinden kabaran)

15 ml / 1 yemek kaşığı kakao (şekersiz çikolata) tozu

15 ml / 1 yemek kaşığı ılık su

Dolgu için:

50 g / 2 oz / ¼ bardak tereyağı veya margarin, yumuşatılmış

75 g / 3 oz / ½ fincan elenmiş pudra şekeri (şekerlemeler)

Çatıda:

100 g / 4 oz / 1 bardak sade çikolata (yarı tatlı)

25 g / 1 oz / 2 yemek kaşığı tereyağı veya margarin

Kurdele veya şeker çiçeği (isteğe bağlı)

Şekeri ve yumurtaları kaynayan suyun üzerinde bir kapta çırpın. Karışım kalın ve kremsi bir kıvama gelinceye kadar çırpmaya devam edin. Birkaç dakika bekletin, ocaktan alın ve çırpıcıyı çıkardıktan sonra iz bırakıncaya kadar tekrar karıştırın. Un ve kakaoyu karıştırıp ardından suyu ekleyin. Karışımı yağlanmış ve unlanmış 20 cm'lik kek kalıbına (pişirme kabı) ve yağlanmış ve unlanmış 15 cm'lik kek kalıbına dökün. Önceden 200°C'ye ısıtılmış fırında 15-20 dakika iyice kabarıncaya ve dokunulabilecek kadar sertleşene kadar pişirin. Tel ızgara üzerinde soğumaya bırakın.

İçi için margarini pudra şekeri ile köpük köpük olana kadar karıştırın. Küçük pastayı büyük olanın üzerine yerleştirmek için kullanın.

Kremayı hazırlamak için çikolatayı ve tereyağı veya margarini kaynayan suyun üzerine yerleştirilmiş ısıya dayanıklı bir kapta eritin. Kremayı kekin üzerine sürün ve sıcak suya batırılmış bir bıçakla üzerini tamamen kaplayacak şekilde yayın. Kenarını kurdele veya şeker çiçekleriyle süsleyin.

Paskalya Simnel pastası

Bundan 20 cm'lik bir pasta yapılabilir

225g / 8oz / 1 su bardağı tereyağı veya margarin, yumuşatılmış

225 g / 8 oz / 1 su bardağı yumuşak esmer şeker

1 limonun rendelenmiş kabuğu

4 çırpılmış yumurta

225 g / 8 oz / 2 su bardağı sade un (çok amaçlı)

5 ml / 1 çay kaşığı kabartma tozu

2,5 ml / ½ çay kaşığı rendelenmiş hindistan cevizi

50 g / 2 oz / ½ bardak mısır unu (mısır nişastası)

100 g / 4 oz / 2/3 bardak kuru üzüm (altın kuru üzüm)

100 g / 4 oz / 2/3 bardak kuru üzüm

75 g / 3 oz / ½ bardak kuş üzümü

100 g / 4 oz / ½ bardak sırlı (şekerlenmiş) kiraz, doğranmış

25 g / 1 oz / ¼ bardak öğütülmüş badem

450 g / 1 lb badem ezmesi

30 ml / 2 yemek kaşığı kayısı reçeli (konserve)

1 çırpılmış yumurta beyazı

Tereyağı veya margarini, şekeri ve limon kabuğu rendesini köpürene kadar çırpın. Yumurtaları yavaş yavaş çırpın, ardından un, kabartma tozu, hindistan cevizi ve mısır unu ekleyin. Meyveleri ve bademleri ekleyin. Kütlenin yarısını yağlanmış ve astarlanmış 20 cm derinliğinde bir kek kalıbına (tavaya) dökün, badem kütlesinin yarısını kek büyüklüğünde bir daire şeklinde açın ve kütlenin üzerine yerleştirin. Kalan karışımı doldurun ve önceden ısıtılmış fırında 160°C / 325°F / gaz işareti 3'te 2-2½ saat altın rengi kahverengi olana kadar pişirin. Formda soğumaya bırakın.

Soğuyunca şekil verip pişirme kağıdına (mumlu) sarın. Mümkünse hava geçirmez bir kapta olgunlaşması için üç haftaya kadar saklayın.

Pastayı bitirmek için üstüne reçel sürün. Kalan badem kütlesinin dörtte üçünü 20 cm'lik bir daire şeklinde açın, kenarlarını kesin ve pastanın üzerine yerleştirin. Kalan badem ezmesinden 11 top yuvarlıyoruz (Yahuda'sız öğrencilerin sembolü olarak). Kekin üstünü çırpılmış yumurta akı ile yağlayın ve topları pastanın kenarına yerleştirin ve yumurta akı ile fırçalayın. Hafifçe kahverengileşmesi için yaklaşık bir dakika boyunca sıcak bir ızgara (broyler) altına yerleştirin.

12. gece pastası

Bundan 20 cm'lik bir pasta yapılabilir

225g / 8oz / 1 su bardağı tereyağı veya margarin, yumuşatılmış

225 g / 8 oz / 1 su bardağı yumuşak esmer şeker

4 çırpılmış yumurta

225 g / 8 oz / 2 su bardağı sade un (çok amaçlı)

5 ml / 1 çay kaşığı öğütülmüş baharat (elmalı turta)

175 g / 6 oz / 1 bardak kuru üzüm (altın kuru üzüm)

100 g / 4 oz / 2/3 bardak kuru üzüm

75 g / 3 oz / ½ bardak kuş üzümü

50 g / 2 oz / ¼ bardak sırlı kiraz (şekerlenmiş)

50 g / 2 oz / 1/3 bardak doğranmış karışık ağaç kabuğu (şekerlenmiş)

30 ml / 2 yemek kaşığı süt

Dekorasyon için 12 mum

Tereyağı veya margarini ve şekeri köpürene kadar çırpın. Yumurtaları azar azar çırpın, ardından unu, karışık baharatları, meyveleri ve kabuklarını ekleyip iyice karıştırın, gerekirse biraz süt ekleyerek pürüzsüz bir karışım elde edin. Yağlanmış, 20 cm'lik, kaşıkla kaplı bir kalıba yerleştirin ve önceden 180 °C'ye ısıtılmış fırında, ortasına batırdığınız kürdan temiz çıkana kadar 2 saat pişirin. Dışarı çıkmak

Mikrodalga elmalı turta

23 cm / 9 kare yapar

100 g / 4 oz / ½ fincan tereyağı veya margarin, yumuşatılmış

100 g / 4 oz / ½ bardak yumuşak esmer şeker

30 ml / 2 yemek kaşığı altın şurubu (hafif mısır)

2 yumurta, hafifçe dövülmüş

225 g / 8 oz / 2 su bardağı kendiliğinden kabaran un (kendiliğinden kabaran)

10 ml / 2 çay kaşığı öğütülmüş baharat (elmalı turta)

120 ml / 4 fl oz / ½ su bardağı süt

2 adet pişirme elması (turta), soyulmuş, çekirdeği çıkarılmış ve ince dilimlenmiş

15 ml / 1 yemek kaşığı pudra şekeri (süper ince)

5 ml / 1 çay kaşığı tarçın tozu

Tereyağı veya margarini, esmer şekeri ve şurubu köpürene kadar çırpın. Yumurtaları azar azar ekleyin. Karışık un ve baharatları karıştırın, ardından sütü pürüzsüz hale gelinceye kadar ekleyin. Elmaları topla. Yağlanmış ve astarlanmış 23 cm/9 tabanlı mikrodalgaya uygun kalıba (boru tavası) dökün ve koyulaşana kadar Orta ayarda 12 dakika pişirin. 5 dakika kadar beklettikten sonra ters çevirip üzerine pudra şekeri ve tarçın serpin.

Mikrodalga elmalı kek

Bundan 20 cm'lik bir pasta yapılabilir

100 g / 4 oz / ½ fincan tereyağı veya margarin, yumuşatılmış

175 g / 6 oz / ¾ bardak yumuşak esmer şeker

1 yumurta, hafifçe çırpılmış

175 g / 6 oz / 1½ su bardağı sade un (çok amaçlı)

2,5 ml / ½ çay kaşığı kabartma tozu

Bir tutam tuz

2,5 ml / ½ çay kaşığı öğütülmüş yenibahar

1,5 ml / ¼ çay kaşığı rendelenmiş hindistan cevizi

1,5 ml / ¼ çay kaşığı öğütülmüş karanfil

300 ml / ½ pt / 1¼ bardak şekersiz elma püresi (sos)

75 g / 3 oz / ½ bardak kuru üzüm

üzerini kaplamak için pudra şekeri

Tereyağı veya margarini ve esmer şekeri köpürene kadar çırpın. Yumurtayı yavaşça ekleyin, ardından unu, kabartma tozunu, tuzu ve baharatları, elma püresi ve kuru üzümle dönüşümlü olarak ekleyin. Yağlanmış ve unlanmış 20 cm'lik bir kaşığa kare bir mikrodalga fırın tepsisine aktarın ve 12 dakika yüksek sıcaklıkta pişirin. Plaka üzerinde soğumaya bırakın, küpler halinde kesin ve üzerine pudra şekeri serpin.

Mikrodalgada elmalı cevizli kek

Bundan 20 cm'lik bir pasta yapılabilir

175 g / 6 oz / ¾ bardak tereyağı veya margarin, yumuşatılmış

100 g / 4 oz / ½ bardak pudra şekeri (süper ince)

3 yumurta, hafifçe çırpılmış

30 ml / 2 yemek kaşığı altın şurubu (hafif mısır)

1 limonun rendelenmiş kabuğu ve suyu

175 g / 6 oz / 1½ su bardağı kendiliğinden kabaran un

50 g / 2 oz / ½ bardak ceviz, doğranmış

1 yemeklik (tatlı) elma, soyulmuş, çekirdeği çıkarılmış ve doğranmış

100 g / 4 oz / 2/3 su bardağı pudra şekeri (şekerlemeler)

30 ml / 2 yemek kaşığı limon suyu

15 ml / 1 yemek kaşığı su

Yarım cevizle süsleyin

Tereyağı veya margarini ve pudra şekerini köpürene kadar çırpın. Yavaş yavaş yumurtayı, ardından şurubu, limon kabuğunu ve suyunu ekleyin. Unu, çekilmiş cevizi ve elmayı ekleyin. Yağlanmış 20 cm'lik mikrodalga fırın kabına dökün ve yüksek sıcaklıkta 4 dakika pişirin. Fırından çıkarıp alüminyum folyo ile kaplayın. Soğumaya bırakın. Pürüzsüz bir köpük (pudra) elde edene kadar pudra şekerini limon suyu ve yeterli suyla karıştırın. Kekin üzerine yayıp fındıkla süsleyin.

Mikrodalga havuçlu kek

18 cm'lik bir pasta yapar

100 g / 4 oz / ½ fincan tereyağı veya margarin, yumuşatılmış

100 g / 4 oz / ½ bardak yumuşak esmer şeker

2 çırpılmış yumurta

1 portakalın rendelenmiş kabuğu ve suyu

2,5 ml / ½ çay kaşığı tarçın tozu

Bir tutam rendelenmiş hindistan cevizi

100 gr havuç, rendelenmiş

100 g / 4 oz / 1 su bardağı kendiliğinden kabaran un (kendiliğinden kabaran)

25 g / 1 oz / ¼ bardak öğütülmüş badem

25 g / 1 oz / 2 yemek kaşığı pudra şekeri (çok ince)

Çatıda:

100 g / 4 oz / ½ bardak krem peynir

50 g / 2 oz / 1/3 su bardağı pudra şekeri, elenmiş

30 ml / 2 yemek kaşığı limon suyu

Tereyağı ve şekeri köpürene kadar çırpın. Yumurtayı yavaş yavaş ekleyin, ardından portakal suyu ve kabuğu rendesini, baharatları ve havucu ekleyin. Un, badem ve şekeri karıştırın. Yağlanmış ve unlanmış 18 cm'lik kek kalıbına dökün ve üzerini streç filmle kapatın. Ortasına batırdığınız kürdan temiz çıkana kadar mikrodalgada 8 dakika pişirin. Plastik ambalajı çıkarın ve soğumayı tamamlamak için tel rafa aktarmadan önce 8 dakika bekletin. Üzeri için gerekli malzemeleri karıştırıp soğuyan kekin üzerine sürün.

Havuç, ananas ve cevizli mikrodalga kek

Bundan 20 cm'lik bir pasta yapılabilir

225 g / 8 oz / 1 su bardağı pudra şekeri (çok ince)

2 yumurta

120 ml / 4 fl oz / ½ su bardağı sıvı yağ

1,5 ml / ¼ çay kaşığı tuz

5 ml / 1 çay kaşığı karbonat (karbonat)

100 g / 4 oz / 1 su bardağı kendiliğinden kabaran un (kendiliğinden kabaran)

5 ml / 1 çay kaşığı tarçın tozu

175 gr havuç, rendelenmiş

75 g / 3 oz / ¾ bardak ceviz, doğranmış

225 gr ezilmiş ananas suyuyla birlikte

Buzlanma (buzlanma) için:

15 g / ½ oz / 1 yemek kaşığı tereyağı veya margarin

50 g / 2 oz / ¼ bardak krem peynir

10 ml / 2 çay kaşığı limon suyu

Elenmiş pudra şekeri

Büyük bir halka kalıbı (tüp şeklinde) pişirme kağıdıyla kaplayın. Şekeri, yumurtayı ve yağı çırpın. Kuru malzemeleri iyice birleşene kadar yavaşça katlayın. Diğer kek malzemelerini ekleyin. Karışımı hazırlanan tavaya dökün, tel ızgaraya veya ters çevrilmiş bir tabağa yerleştirin ve mikrodalgada 13 dakika veya katılaşana kadar pişirin. 5 dakika dinlendirdikten sonra soğuması için fırına veriyoruz.

Bu arada üzerini hazırlayın. Tereyağı veya margarini, krem peyniri ve limon suyunu bir kaseye koyun ve mikrodalgada 30-40 saniye pişirin. Yoğun bir kıvam elde edene kadar yavaş yavaş yeteri kadar pudra şekeri ekleyin ve krema kıvamına gelinceye kadar karıştırın. Kek soğuyunca muhallebinin üzerine yayın.

Mikrodalga fırında tatlandırılmış kepekli kurabiyeler

15 yıl önce

75 g / 3 oz / ¾ fincan Tam Kepekli Tahıl

250 ml / 8 fl oz / 1 su bardağı süt

175 g / 6 oz / 1½ su bardağı sade un (çok amaçlı)

75 g / 3 oz / 1/3 su bardağı pudra şekeri (süper ince)

10 ml / 2 çay kaşığı kabartma tozu

10 ml / 2 çay kaşığı öğütülmüş baharat (elmalı turta)

Bir tutam tuz

60 ml / 4 yemek kaşığı altın şurubu (hafif mısır)

45 ml / 3 yemek kaşığı sıvı yağ

1 yumurta, hafifçe çırpılmış

75 g / 3 oz / ½ bardak kuru üzüm

15 ml / 1 yemek kaşığı rendelenmiş portakal kabuğu

Mısır gevreğini sütte 10 dakika bekletin. Unu, şekeri, kabartma tozunu, baharatları ve tuzu karıştırın, ardından tahıllarla karıştırın. Şurup, zeytinyağı, yumurta, kuru üzüm ve portakal kabuğunu ekleyin. Kağıt bardaklara (şeker ambalajları) dökün ve beş kurabiyeyi aynı anda 4 dakika yüksek sıcaklıkta mikrodalgaya koyun. Diğer çerezler için aynı işlemi tekrarlayın.

Mikrodalga Muzlu ve Golgota Meyveli Kek

23 cm'lik bir pasta yapar

100 g / 4 oz / ½ bardak eritilmiş tereyağı veya margarin

175 g / 6 oz / 1½ bardak zencefilli kurabiye kırıntıları (bisküvi)

250 g / 9 oz / 1 su bardağı zengin krem peynir

175 ml / 6 fl oz / ¾ su bardağı ekşi krema (laktik asit)

2 yumurta, hafifçe dövülmüş

100 g / 4 oz / ½ bardak pudra şekeri (süper ince)

1 limonun rendelenmiş kabuğu ve suyu

150 ml / ¼ pt / 2/3 bardak ağır krema

1 muz, dilimlenmiş

1 tutku meyvesi, doğranmış

Tereyağı veya margarini kek kırıntılarıyla karıştırın ve 23 cm / 9 cm'lik mikrodalgaya dayanıklı bir pişirme kabının tabanına ve yanlarına bastırın. Mikrodalgada 1 dakika. Soğumaya bırakın.

Krem peyniri ve kremayı pürüzsüz olana kadar çırpın, ardından yumurtaları, şekeri, limon suyunu ve kabuğu rendesini ekleyin. Tabana uygulayın ve eşit şekilde yayın. Orta ateşte 8 dakika pişirin. Soğumaya bırakın.

Kremayı sert bir köpük haline gelinceye kadar çırpın ve kalıbın üzerine yayın. Üzerine muz dilimleri koyun ve çarkıfelek meyvesi posası ile kaplayın.

Mikrodalgada portakallı cheesecake

Bundan 20 cm'lik bir pasta yapılabilir

50 g / 2 oz / ¼ bardak tereyağı veya margarin

12 sindirim kraker (graham kraker), ezilmiş

100 g / 4 oz / ½ bardak pudra şekeri (süper ince)

225 g / 8 oz / 1 su bardağı krem peynir

2 yumurta

30 ml / 2 yemek kaşığı konsantre portakal suyu

15 ml / 1 yemek kaşığı limon suyu

150 ml / ¼ pt / 2/3 su bardağı ekşi krema (laktik asit)

Bir tutam tuz

1 portakal

30 ml / 2 yemek kaşığı kayısı reçeli (konserve)

150 ml / ¼ pt / 2/3 su bardağı çift krema (ağır)

Tereyağı veya margarini 20 cm'lik mikrodalga puding tavasında yüksek güçte 1 dakika eritin. Kraker kırıntılarını ve 25 g / 1 ons / 2 yemek kaşığı şekeri karıştırın ve tavanın altına ve yanlarına bastırın. Peyniri kalan şeker ve yumurtayla köpürene kadar karıştırın, ardından portakal ve limon suyunu, kremayı ve tuzu ekleyin. Bir kalıba koyun (kabuğunu soyun) ve mikrodalga fırında yüksek sıcaklıkta 2 dakika pişirin. 2 dakika bekletin, ardından mikrodalgada 2 dakika daha bekletin. 1 dakika bekletin, ardından mikrodalganın yüksek ayarında 1 dakika bekletin. Soğumaya bırakın.

Portakalı soyun ve zar parçalarını keskin bir bıçakla çıkarın. Reçeli eritip cheesecakein üzerine yayın. Kremayı cheesecake'in kenarına bir boru yardımıyla çırpın ve portakal dilimleriyle süsleyin.

Mikrodalga ananaslı cheesecake

23 cm'lik bir pasta yapar

100 g / 4 oz / ½ bardak eritilmiş tereyağı veya margarin

175 gr sindirilebilir kraker kırıntıları (graham kraker)

250 g / 9 oz / 1 su bardağı zengin krem peynir

2 yumurta, hafifçe dövülmüş

5 ml / 1 çay kaşığı rendelenmiş limon kabuğu

30 ml / 2 yemek kaşığı limon suyu

75 g / 3 oz / 1/3 su bardağı pudra şekeri (süper ince)

400 g / 14 oz / 1 büyük kutu ananas, suyu süzülmüş ve ezilmiş

150 ml / ¼ pt / 2/3 su bardağı çift krema (ağır)

Tereyağı veya margarini kek kırıntılarıyla karıştırın ve 23 cm / 9 cm'lik mikrodalgaya dayanıklı bir pişirme kabının tabanına ve yanlarına bastırın. Mikrodalgada 1 dakika. Soğumaya bırakın.

Krem peynir, yumurta, limon kabuğu rendesi, meyve suyu ve şekeri pürüzsüz hale gelinceye kadar karıştırın. Ananası ekleyin ve tabanın üzerine yerleştirin. Mikrodalgada katılaşana kadar 6 dakika orta ateşte pişirin. Soğumaya bırakın.

Kremayı sert bir köpük haline gelinceye kadar çırpın, ardından cheesecake'in üzerine dökün.

Kirazlı ve cevizli mikrodalga ekmeği

900 gramlık somun yapar

175 g / 6 oz / ¾ bardak tereyağı veya margarin, yumuşatılmış

175 g / 6 oz / ¾ bardak yumuşak esmer şeker

3 çırpılmış yumurta

225 g / 8 oz / 2 su bardağı sade un (çok amaçlı)

10 ml / 2 çay kaşığı kabartma tozu

Bir tutam tuz

45 ml / 3 yemek kaşığı süt

75 g / 3 oz / 1/3 bardak sırlı kiraz (şekerlenmiş)

75 g / 3 oz / ¾ bardak kıyılmış karışık kuruyemiş

25g / 1oz / 3 yemek kaşığı elenmiş pudra şekeri (şekerleme)

Tereyağı veya margarini ve esmer şekeri köpürene kadar çırpın. Yumurtaları yavaş yavaş çırpın, ardından un, kabartma tozu ve tuzu ekleyin. Pürüzsüz bir kıvam elde edene kadar yeterli sütü karıştırın, ardından kiraz ve cevizi ekleyin. Yağlanmış ve astarlanmış 900 g'lık mikrodalga fırın kabına dökün ve üzerine şeker serpin. Mikrodalgada 7 dakika. 5 dakika bekletin, ardından tamamen soğuması için tel rafa aktarın.

Mikrodalga çikolatalı kek

18 cm'lik bir pasta yapar

225g / 8oz / 1 su bardağı tereyağı veya margarin, yumuşatılmış

175 g / 6 oz / ¾ bardak pudra şekeri (süper ince)

150 g / 5 oz / 1¼ bardak kendiliğinden kabaran un (kendiliğinden kabaran)

50 g / 2 oz / ¼ fincan kakao tozu (şekersiz çikolata).

5 ml / 1 çay kaşığı kabartma tozu

3 çırpılmış yumurta

45 ml / 3 yemek kaşığı süt

Tüm malzemeleri birlikte karıştırın ve yağlanmış ve astarlı 18 cm / 7 cm'lik mikrodalgaya uygun bir kaseye yerleştirin. Mikrodalgada katılaşana kadar 9 dakika pişirin. Tavada 5 dakika soğutun, ardından soğumayı tamamlamak için tel rafa aktarın.

Mikrodalga çikolatalı bademli kek

Bundan 20 cm'lik bir pasta yapılabilir

Kek için:

100 g / 4 oz / ½ fincan tereyağı veya margarin, yumuşatılmış

100 g / 4 oz / ½ bardak pudra şekeri (süper ince)

2 yumurta, hafifçe dövülmüş

100 g / 4 oz / 1 su bardağı kendiliğinden kabaran un (kendiliğinden kabaran)

50 g / 2 oz / ½ fincan kakao tozu (şekersiz çikolata).

50 g / 2 oz / ½ bardak öğütülmüş badem

150 ml / ¼ pt / 2/3 su bardağı süt

60 ml / 4 yemek kaşığı altın şurubu (hafif mısır)

Buzlanma (buzlanma) için:

100 g / 4 oz / 1 bardak sade çikolata (yarı tatlı)

25 g / 1 oz / 2 yemek kaşığı tereyağı veya margarin

8 bütün badem

Pastayı yapmak için tereyağı veya margarini ve şekeri hafif ve kabarık olana kadar karıştırın. Yumurtaları yavaş yavaş çırpın, ardından un ve kakaoyu, ardından da öğütülmüş bademleri ekleyin. Sütü ve şurubu ekleyip hafif ve kabarık bir krema elde edene kadar çırpın. Plastik ambalajla (plastik ambalaj) kaplı 20 cm/8'lik mikrodalgaya uygun bir kaba aktarın ve 4 dakika boyunca mikrodalgaya koyun. Fırından çıkarıp üzerini alüminyum folyo ile kapatıp biraz soğumaya bırakın ve ardından tamamen soğuması için fırına koyun.

Kremayı hazırlamak için çikolatayı ve tereyağını veya margarini yüksek sıcaklıkta 2 dakika eritin. Beni iyi dövdü. Yarım bademleri çikolataya batırın ve bir parça pişirme kağıdı (mumlu) üzerinde dinlenmeye bırakın. Kalan kremayı kekin üzerine dökün ve üstünü ve yanlarını dağıtın. Bademlerle süsleyip sertleşmesini sağlayın.

Çift çikolatalı mikrodalga brownie

8 yapar

150 g 1¼ bardak sade (yarı tatlı) çikolata, kabaca doğranmış

75 g / 3 oz / 1/3 su bardağı tereyağı veya margarin

175 g / 6 oz / ¾ bardak yumuşak esmer şeker

2 yumurta, hafifçe dövülmüş

150 g / 5 oz / 1¼ su bardağı sade un (çok amaçlı)

2,5 ml / ½ çay kaşığı kabartma tozu

2,5 ml / ½ çay kaşığı vanilya özü (ekstresi)

30 ml / 2 yemek kaşığı süt

50 gr çikolatayı tereyağı veya margarinle 2 dakika eritin. Şekeri ve yumurtayı ekleyin, un, maya, vanilya özü ve sütü pürüzsüz hale gelinceye kadar ekleyin. Yağlanmış 8 inçlik kare, mikrodalgaya dayanıklı bir tabağa yerleştirin ve 7 dakika boyunca yüksek sıcaklıkta pişirin. 10 dakika kadar plaka üzerinde soğumaya bırakın. Kalan çikolatayı yüksek sıcaklıkta 1 dakika eritip kekin üzerine yayın ve soğumaya bırakın. Kareler halinde kesin.

Mikrodalga çikolata barları

8 yapar

50 g / 2 oz / 1/3 bardak çekirdekleri çıkarılmış hurma, doğranmış

60 ml / 4 yemek kaşığı kaynar su

65 g / 2½ oz / 1/3 su bardağı tereyağı veya margarin, yumuşatılmış

225 g / 8 oz / 1 su bardağı pudra şekeri (çok ince)

1 yumurta

100 g / 4 oz / 1 su bardağı sade un (çok amaçlı)

10 ml / 2 çay kaşığı kakao (şekersiz çikolata) tozu

2,5 ml / ½ çay kaşığı kabartma tozu

Bir tutam tuz

25 g / 1 oz / ¼ bardak kıyılmış karışık kuruyemiş

100 g / 4 oz / 1 su bardağı sade (yarı tatlı) çikolata, ince doğranmış

Hurmaları kaynar su ile karıştırıp soğumaya bırakın. Tereyağı veya margarini şekerin yarısıyla köpürene kadar çırpın. Yumurtayı yavaş yavaş ekleyin, ardından sırasıyla un, kakao, kabartma tozu, tuz ve hurmaları ekleyerek karıştırın. Yağlanmış ve unlanmış 20 cm'lik mikrodalga fırın kabına dökün, kalan şekeri ceviz ve çikolatayla karıştırın ve üzerine hafifçe bastırarak serpin. Mikrodalgada 8 dakika. Karelere kesmeden önce tepside soğumaya bırakın.

Mikrodalgada Çikolata Kareleri

16 yıl önce

Kek için:

50 g / 2 oz / ¼ bardak tereyağı veya margarin

5 ml / 1 çay kaşığı pudra şekeri (çok ince)

75 g / 3 oz / ¾ bardak sade un (çok amaçlı)

1 yumurta sarısı

15 ml / 1 yemek kaşığı su

175 g 1½ su bardağı sade (yarı tatlı) çikolata, rendelenmiş veya doğranmış

Çatıda:

50 g / 2 oz / ¼ bardak tereyağı veya margarin

50 g / 2 oz / ¼ bardak pudra şekeri (süper ince)

1 yumurta

2,5 ml / ½ çay kaşığı vanilya özü (ekstresi)

100 g / 4 oz / 1 su bardağı ceviz, doğranmış

Kek için tereyağı veya margarini yumuşattıktan sonra şekeri, unu, yumurta sarısını ve suyu ekleyin. Karışımı 20 cm/8 metrekarelik mikrodalgaya uygun bir kaba eşit şekilde yayın ve 2 dakika boyunca yüksek ateşte ısıtın. Çikolata serpin ve 1 dakika mikrodalgada tutun. Tabana eşit şekilde yayıp soğumaya bırakın.

Üst malzemeyi hazırlamak için tereyağını veya margarini 30 saniye boyunca yüksek sıcaklıkta mikrodalgada tutun. Kalan üst malzemelerini ekleyip çikolatanın üzerine yayın. Mikrodalgada 5 dakika bekletin. Soğumaya bırakın ve kareler halinde kesin.

Mikrodalgada hızlı kahveli kek

Pastada 19 cm / 7 yapar

Kek için:

225g / 8oz / 1 su bardağı tereyağı veya margarin, yumuşatılmış

225 g / 8 oz / 1 su bardağı pudra şekeri (çok ince)

225 g / 8 oz / 2 su bardağı kendiliğinden kabaran un (kendiliğinden kabaran)

5 yumurta

45 ml / 3 yemek kaşığı kahve esansı (özüt)

Buzlanma (buzlanma) için:

30 ml / 2 yemek kaşığı kahve esansı (ekstresi)

175 g / 6 oz / ¾ bardak tereyağı veya margarin

Elenmiş pudra şekeri

Yarım cevizle süsleyin

Tüm kek malzemelerini iyice birleşene kadar karıştırın. İki adet 19cm / 7 mikrodalgaya uygun kalıba bölün ve her birini yüksek sıcaklıkta 5-6 dakika pişirin. Mikrodalgadan çıkarın ve soğumaya bırakın.

Sos malzemelerini karıştırın ve isteğe göre pudra şekeri ile tatlandırın. Soğuyunca kremanın yarısını sandviçlerin üzerine sürün, geri kalanını da üstüne yayın. Fıstıklarla süsleyin.

Mikrodalga Noel Pastası

23 cm'lik bir pasta yapar

150 g / 5 oz / 2/3 su bardağı tereyağı veya margarin, yumuşatılmış

150 g / 5 oz / 2/3 su bardağı yumuşak esmer şeker

3 yumurta

30 ml / 2 yemek kaşığı çörek otu pekmezi (pekmez)

225 g / 8 oz / 2 su bardağı kendiliğinden kabaran un (kendiliğinden kabaran)

10 ml / 2 çay kaşığı öğütülmüş baharat (elmalı turta)

2,5 ml / ½ çay kaşığı rendelenmiş hindistan cevizi

2,5 ml / ½ çay kaşığı karbonat (kabartma tozu)

450 g / 1 lb / 22/3 su bardağı karışık kurutulmuş meyve (meyveli kek karışımı)

50 g / 2 oz / ¼ bardak sırlı kiraz (şekerlenmiş)

50 g / 2 oz / 1/3 su bardağı doğranmış karışık kabuk

50 g / 2 oz / ½ bardak kıyılmış karışık fındık

30 ml / 2 yemek kaşığı brendi

Pastayı olgunlaştırmak için ilave brendi (isteğe bağlı)

Tereyağı veya margarini ve şekeri köpürene kadar çırpın. Yumurtayı ve pekmezi yavaş yavaş çırpın, ardından unu, baharatları ve kabartma tozunu ekleyin. Meyveleri, kabukları ve fındıkları dikkatlice karıştırın, ardından brendi ekleyin. 23cm / 9 kaşıklık mikrodalgada pişirilebilen bir tabağa aktarın ve mikrodalgada 45-60 dakika pişirin. Soğutmayı bitirmek için tel rafa aktarmadan önce tavada 15 dakika soğutun.

Soğuduktan sonra pastayı folyoya sarın ve 2 hafta boyunca serin ve karanlık bir yerde saklayın. İstenirse, ince bir şişle pastanın üstünü birkaç kez delin ve üzerine biraz brendi serpin, ardından pastayı tekrar paketleyip saklayın. Daha zengin bir pasta yapmak için bunu birkaç kez yapabilirsiniz.

Mikrodalga kırıntı keki

Bundan 20 cm'lik bir pasta yapılabilir

300 g / 10 oz / 1¼ bardak pudra şekeri (çok ince)

225 g / 8 oz / 2 su bardağı sade un (çok amaçlı)

10 ml / 2 çay kaşığı kabartma tozu

5 ml / 1 çay kaşığı tarçın tozu

100 g / 4 oz / ½ fincan tereyağı veya margarin, yumuşatılmış

2 yumurta, hafifçe dövülmüş

100 ml / 3½ fl oz / 6½ yemek kaşığı süt

Şeker, un, kabartma tozu ve tarçını karıştırın. Tereyağı veya margarini ekleyin ve karışımın dörtte birini ayırın. Yumurtayı ve sütü köpürene kadar karıştırın, ardından kekin büyük kısmına karıştırın. Karışımı yağlanmış ve unlanmış 20 cm'lik bir mikrodalga fırın kabına dökün ve ayırdığınız kırıntı karışımını üzerine serpin. Mikrodalgada 10 dakika. Plaka üzerinde soğumaya bırakın.

Mikrodalga tarih bantları

12 yıl önce

150 g / 5 oz / 1¼ bardak kendiliğinden kabaran un

175 g / 6 oz / ¾ bardak pudra şekeri (süper ince)

100 g / 4 oz / 1 su bardağı kurutulmuş hindistan cevizi (kıyılmış)

100 g / 4 oz / 2/3 bardak çekirdekleri çıkarılmış hurma (çekirdekleri çıkarılmış), doğranmış

50 g / 2 oz / ½ bardak kıyılmış karışık fındık

100 g / 4 oz / ½ bardak eritilmiş tereyağı veya margarin

1 yumurta, hafifçe çırpılmış

üzerini kaplamak için pudra şekeri

Kuru malzemeleri karıştırın. Tereyağı veya margarini ve yumurtayı ekleyip sert bir hamur elde edene kadar karıştırın. 20 cm / 8 metrekarelik mikrodalgaya uygun bir kalıbın tabanına bastırın ve Orta Derecede sertleşinceye kadar 8 dakika pişirin. Plaka üzerinde 10 dakika bekletin, dilimler halinde kesin ve tamamen soğuması için tel rafın üzerine yerleştirin.

Mikrodalga incir ekmeği

675g / 1½lb somun yapar

100 g / 4 oz / 2 bardak kepek

50 g / 2 oz / ¼ bardak yumuşak esmer şeker

45 ml / 3 yemek kaşığı saf bal

100 g / 4 oz / 2/3 su bardağı kuru incir, doğranmış

50 g / 2 oz / ½ bardak fındık, doğranmış

300 ml / ½ pt / 1¼ su bardağı süt

100 g / 4 oz / 1 su bardağı tam buğday unu (tam buğday)

10 ml / 2 çay kaşığı kabartma tozu

Bir tutam tuz

Sert bir hamur elde edene kadar tüm malzemeleri karıştırın. Mikrodalgaya dayanıklı bir somun tavası oluşturun ve yüzeyi düzeltin. 7 dakika boyunca yüksek ateşte pişirin. Tavada 10 dakika soğumaya bırakın, ardından tamamen soğuması için fırına koyun.

Mikrodalga damperleri

24 yıl önce

175 g / 6 oz / ¾ bardak tereyağı veya margarin, yumuşatılmış

50 g / 2 oz / ¼ bardak pudra şekeri (süper ince)

50 g / 2 oz / ¼ bardak yumuşak esmer şeker

90 ml / 6 yemek kaşığı altın şurubu (açık mısır)

Bir tutam tuz

275 g / 10 oz / 2½ su bardağı yulaf ezmesi

Tereyağı veya margarini ve şekeri geniş bir kapta birleştirin ve 1 dakika boyunca yüksek ateşte pişirin. Diğer malzemeleri ekleyip iyice karıştırın. Karışımı yağlanmış 18 cm / 7 cm'lik mikrodalga fırın tepsisine dökün ve hafifçe bastırın. 5 dakika boyunca yüksek ateşte pişirin. Biraz soğumaya bırakın ve kareler halinde kesin.

Mikrodalgada meyveli kek

18 cm'lik bir pasta yapar

175 g / 6 oz / ¾ bardak tereyağı veya margarin, yumuşatılmış

175 g / 6 oz / ¾ bardak pudra şekeri (süper ince)

1 limonun rendelenmiş kabuğu

3 çırpılmış yumurta

225 g / 8 oz / 2 su bardağı sade un (çok amaçlı)

5 ml / 1 çay kaşığı öğütülmüş baharat (elmalı turta)

225 g / 8 oz / 11/3 su bardağı kuru üzüm

225 g / 8 oz / 11/3 bardak kuru üzüm (altın kuru üzüm)

50 g / 2 oz / ¼ bardak sırlı kiraz (şekerlenmiş)

50 g / 2 oz / ½ bardak kıyılmış karışık fındık

15 ml / 1 yemek kaşığı altın şurubu (açık mısır)

45 ml / 3 yemek kaşığı brendi

Tereyağı veya margarini ve şekeri köpürene kadar çırpın. Limon kabuğu rendesini ekleyin ve yumurtaları yavaş yavaş çırpın. Unu ve karışık baharatları, ardından diğer malzemeleri karıştırın. Yağlanmış ve astarlı 18 cm / 7 cm'lik yuvarlak mikrodalga fırın kabına dökün ve ortasına batırdığınız kürdan temiz çıkana kadar 35 dakika kısık ateşte pişirin. Tavada 10 dakika soğumaya bırakın, ardından tamamen soğuması için fırına koyun.

Mikrodalgada Kullanılabilen Meyve ve Hindistan Cevizi Kareleri

8 yapar

50 g / 2 oz / ¼ bardak tereyağı veya margarin

9 sindirim kraker (graham kraker), ezilmiş

50 g / 2 oz / ½ bardak kurutulmuş hindistan cevizi (rendelenmiş)

100 g / 4 oz / 2/3 su bardağı doğranmış karışık kabuklu (şekerlenmiş)

50 g / 2 oz / 1/3 bardak çekirdekleri çıkarılmış hurma, doğranmış

15 ml / 1 yemek kaşığı sade un (çok amaçlı)

25 g / 1 oz / 2 yemek kaşığı sırlı (şekerlenmiş) kiraz, doğranmış

100 g / 4 oz / 1 su bardağı ceviz, doğranmış

150 ml / ¼ pt / 2/3 su bardağı yoğunlaştırılmış süt

Tereyağını veya margarini 20 cm/8 metrekarelik mikrodalgaya dayanıklı bir tabakta yüksek sıcaklıkta 40 saniye eritin. Bisküvi kırıntılarını karıştırın ve kalıbın tabanına eşit şekilde dağıtın. Kıyılmış hindistan cevizini ve ardından karışık kabuğu serpin. Hurmaları un, kiraz ve cevizle karıştırıp üzerine serpin ve üzerine süt dökün. Mikrodalgada 8 dakika. Plaka üzerinde soğumaya bırakın ve kareler halinde kesin.

Mikrodalga Karamelli Kek

Bundan 20 cm'lik bir pasta yapılabilir

150 g / 5 oz / 1¼ su bardağı sade un (çok amaçlı)

5 ml / 1 çay kaşığı kabartma tozu

Bir tutam karbonat (kabartma tozu)

Bir tutam tuz

300 g / 10 oz / 1¼ bardak pudra şekeri (çok ince)

50 g / 2 oz / ¼ bardak tereyağı veya margarin, yumuşatılmış

250 ml / 8 fl oz / 1 su bardağı süt

Birkaç damla vanilya özü (özü)

1 yumurta

100 g / 4 oz / 1 su bardağı doğranmış saf (yarı tatlı) çikolata

50 g / 2 oz / ½ bardak kıyılmış karışık fındık

çikolatalı krema için

Unu, kabartma tozunu, kabartma tozunu ve tuzu karıştırın. Şekeri ekleyin ve tereyağı veya margarini, sütü ve vanilya özünü pürüzsüz hale gelinceye kadar karıştırın. Yumurtayı ekleyin. Çikolatanın dörtte üçünü mikrodalgada eriyene kadar 2 dakika ısıtın, ardından karıştırın. Cevizleri ekleyin. Karışımı iki adet yağlanmış ve unlanmış 20cm/8 mikrodalgaya uygun kalıba dökün ve her birini ayrı ayrı 8 dakika mikrodalgada pişirin. Fırından çıkarın, alüminyum folyoyla örtün ve 10 dakika soğumaya bırakın, ardından tamamen soğuması için fırına koyun. Tereyağlı kremanın yarısını sandviçin üzerine yayın, kalan kremayı üstüne sürün ve ayrılmış çikolatayla süsleyin.

Mikrodalga ballı ekmek

Bundan 20 cm'lik bir pasta yapılabilir

50 g / 2 oz / ¼ bardak tereyağı veya margarin

75 g / 3 oz / ¼ fincan çörek otu pekmezi (pekmez)

15 ml / 1 yemek kaşığı pudra şekeri (süper ince)

100 g / 4 oz / 1 su bardağı sade un (çok amaçlı)

5 ml / 1 çay kaşığı toz zencefil

2,5 ml / ½ çay kaşığı öğütülmüş baharat (elmalı turta)

2,5 ml / ½ çay kaşığı karbonat (kabartma tozu)

1 çırpılmış yumurta

Tereyağı veya margarini bir kaseye koyun ve mikrodalgada 30 saniye pişirin. Pekmezi ve şekeri ekleyip 1 dakika mikrodalgada karıştırın. Unu, baharatları ve kabartma tozunu karıştırın. Yumurtayı ekleyin. Karışımı yağlanmış 1,5 litrelik / 2½ pint / 6 fincanlık bir kaba koyun ve mikrodalgada 4 dakika ısıtın. Tavada 5 dakika soğutun, ardından soğumayı tamamlamak için tel rafa aktarın.

mikrodalgada pişirilebilen zencefilli kurabiye dilimleri

12 yıl önce

Kek için:

150 g / 5 oz / 2/3 su bardağı tereyağı veya margarin, yumuşatılmış

50 g / 2 oz / ¼ bardak pudra şekeri (süper ince)

100 g / 4 oz / 1 su bardağı sade un (çok amaçlı)

2,5 ml / ½ çay kaşığı kabartma tozu

5 ml / 1 çay kaşığı toz zencefil

Çatıda:

15 g / ½ oz / 1 yemek kaşığı tereyağı veya margarin

15 ml / 1 yemek kaşığı altın şurubu (açık mısır)

Birkaç damla vanilya özü (özü)

5 ml / 1 çay kaşığı toz zencefil

50 g / 2 oz / 1/3 su bardağı pudra şekeri (şekerlemeler)

Pastayı yapmak için tereyağı veya margarini ve şekeri hafif ve kabarık olana kadar karıştırın. Unu, kabartma tozunu ve zencefili ekleyip pürüzsüz bir hamur elde edene kadar karıştırın. 20 cm/8 metrekarelik mikrodalgaya uygun bir kaba bastırın ve Orta ayarda sertleşinceye kadar 6 dakika pişirin.

Kremayı hazırlamak için tereyağı veya margarini ve şurubu eritin. Vanilya ekstraktını, zencefili ve pudra şekerini ekleyip koyulaşana kadar çırpın. Sıcak kekin üzerine eşit şekilde yayalım. Plaka üzerinde soğumaya bırakın ve dilimler veya kareler halinde kesin.

Mikrodalgada altın kek

Bundan 20 cm'lik bir pasta yapılabilir

Kek için:

100 g / 4 oz / ½ fincan tereyağı veya margarin, yumuşatılmış

100 g / 4 oz / ½ bardak pudra şekeri (süper ince)

2 yumurta, hafifçe dövülmüş

Birkaç damla vanilya özü (özü)

225 g / 8 oz / 2 su bardağı sade un (çok amaçlı)

10 ml / 2 çay kaşığı kabartma tozu

Bir tutam tuz

60 ml / 4 yemek kaşığı süt

Buzlanma (buzlanma) için:

50 g / 2 oz / ¼ bardak tereyağı veya margarin, yumuşatılmış

100 g / 4 oz / 2/3 su bardağı pudra şekeri (şekerlemeler)

Birkaç damla vanilya özü (ekstresi) (isteğe bağlı)

Pastayı yapmak için tereyağı veya margarini ve şekeri hafif ve kabarık olana kadar karıştırın. Yumurtaları yavaş yavaş çırpın, ardından un, kabartma tozu ve tuzu ekleyin. Pürüzsüz, akıcı bir kıvam elde etmek için yeterli miktarda süt ekleyin. Yağlanmış ve unlanmış 20 cm'lik iki mikrodalga fırın tepsisine dökün ve her keki ayrı ayrı yüksek sıcaklıkta 6 dakika pişirin. Fırından çıkarın, alüminyum folyoyla örtün ve 5 dakika soğumaya bırakın, ardından tamamen soğuması için fırına koyun.

Kremayı hazırlamak için tereyağı veya margarini köpürene kadar çırpın, ardından gerekirse pudra şekeri ve vanilya özünü ekleyin. Kremanın yarısını sandviçlerin üzerine sürün, geri kalanını üstüne yayın.

Mikrodalgada bal ve fındıklı kek

18 cm'lik bir pasta yapar

150 g / 5 oz / 2/3 su bardağı tereyağı veya margarin, yumuşatılmış

100 g / 4 oz / ½ bardak yumuşak esmer şeker

45 ml / 3 yemek kaşığı saf bal

3 çırpılmış yumurta

225 g / 8 oz / 2 su bardağı kendiliğinden kabaran un (kendiliğinden kabaran)

100 g / 4 oz / 1 su bardağı öğütülmüş fındık

45 ml / 3 yemek kaşığı süt

Tereyağlı krema

Tereyağı veya margarini, şekeri ve balı köpürene kadar çırpın. Yumurtaları azar azar çırpın, ardından unu, fındığı ve yeterli sütü ekleyerek pürüzsüz bir kıvam elde edin. 18 cm/7 mikrodalga fırın kabına dökün ve orta ayarda 7 dakika pişirin. Tavada 5 dakika soğutun, ardından soğumayı tamamlamak için tel rafa aktarın. Pastayı yatay olarak ikiye bölün ve ardından tereyağlı kremayı sandviçin üzerine yayın.

Mikrodalgada çiğnenebilen müsli barlar

Verim yaklaşık 10

100 g / 4 oz / ½ fincan tereyağı veya margarin

175 g / 6 oz / ½ bardak saf bal

50 g / 2 oz / 1/3 bardak yemeye hazır kuru kayısı, doğranmış

50 g / 2 oz / 1/3 bardak çekirdekleri çıkarılmış hurma, doğranmış

75 g / 3 oz / ¾ bardak kıyılmış karışık kuruyemiş

100 g / 4 oz / 1 su bardağı yulaf ezmesi

100 g / 4 oz / ½ bardak yumuşak esmer şeker

1 çırpılmış yumurta

25 g / 1 oz / 2 yemek kaşığı kendiliğinden kabaran un (kendiliğinden kabaran)

Tereyağı veya margarini ve balı bir kaseye koyun ve yüksek ateşte 2 dakika pişirin. Diğer tüm malzemeleri karıştırın. 20 cm / 8'lik mikrodalgaya dayanıklı bir kaba dökün ve yüksek sıcaklıkta 8 dakika pişirin. Hafifçe soğumaya bırakın ve kareler veya dilimler halinde kesin.

Mikrodalga cevizli kek

Bundan 20 cm'lik bir pasta yapılabilir

150 g / 5 oz / 1¼ su bardağı sade un (çok amaçlı)

Bir tutam tuz

5 ml / 1 çay kaşığı tarçın tozu

75 g / 3 oz / 1/3 su bardağı yumuşak esmer şeker

75 g / 3 oz / 1/3 su bardağı pudra şekeri (süper ince)

75 ml / 5 yemek kaşığı sıvı yağ

25 g / 1 oz / ¼ bardak ceviz, doğranmış

5 ml / 1 çay kaşığı kabartma tozu

2,5 ml / ½ çay kaşığı karbonat (kabartma tozu)

1 yumurta

150 ml / ¼ pt / 2/3 bardak ekşi süt

Unu, tuzu ve tarçının yarısını karıştırın. Şekeri ekleyin, ardından yağı iyice karıştırın. Karışımdan 90 ml / 6 yemek kaşığı alıp ceviz ve kalan tarçınla karıştırın. Karışımın büyük kısmına kabartma tozu, kabartma tozu, yumurta ve sütü ekleyin ve pürüzsüz hale gelinceye kadar karıştırın. Ana karışımı yağlanmış ve unlanmış 20 cm'lik mikrodalga fırın kabına dökün ve üzerine fındık karışımını serpin. Mikrodalgada 8 dakika. 10 dakika kadar tabakta soğumaya bırakın ve sıcak olarak servis yapın.

Mikrodalgada portakal suyu keki

Bundan 20 cm'lik bir pasta yapılabilir

250 g / 9 oz / 2¼ bardak sade un (çok amaçlı)

225 g / 8 oz / 1 su bardağı toz şeker

15 ml / 1 yemek kaşığı kabartma tozu

2,5 ml / ½ çay kaşığı tuz

60 ml / 4 yemek kaşığı sıvı yağ

250 ml / 8 fl oz / 2 su bardağı portakal suyu

2 ayrı yumurta

100 g / 4 oz / ½ bardak pudra şekeri (süper ince)

Portakallı tereyağlı krema

Portakallı Buzlanma

Unu, toz şekeri, kabartma tozunu, tuzu, yağı ve portakal suyunu karıştırıp iyice karıştırın. Hafif ve kabarık bir krema elde edene kadar yumurta sarısını ve kalan portakal suyunu ekleyin. Yumurta aklarını sertleşene kadar çırpın, ardından pudra şekerinin yarısını ekleyip koyu ve parlak olana kadar çırpın. Kalan şekeri ve ardından yumurta aklarını kek karışımına ekleyin. İki adet yağlanmış ve unlanmış 20 cm/8 mikrodalga fırın tepsisine dökün ve ayrı ayrı yüksek sıcaklıkta 6-8 dakika pişirin. Fırından çıkarın, alüminyum folyoyla örtün ve 5 dakika soğumaya bırakın, ardından tamamen soğuması için fırına koyun. Kurabiyeleri portakallı tereyağlı krema (pudra) ile sandviçleyin ve portakallı kremayı yayın.

mikrodalga pavlova

23 cm'lik bir pasta yapar

4 yumurta akı

225 g / 8 oz / 1 su bardağı pudra şekeri (çok ince)

2,5 ml / ½ çay kaşığı vanilya özü (ekstresi)

Birkaç damla şarap sirkesi

150 ml / ¼ pt / 2/3 bardak ağır krema

1 dilimlenmiş kivi

100 g / 4 ons çilek, dilimlenmiş

Yumurta aklarını yumuşak zirveler oluşuncaya kadar çırpın.
Şekerin yarısını serpip iyice karıştırın. Kalan şekeri, vanilya özünü
ve sirkeyi yavaş yavaş ekleyin ve eriyene kadar karıştırın. Karışımı
fırın tepsisine 23 cm'lik bir daireye dökün. Mikrodalgada 2 dakika.
Mikrodalgada kapağı açık halde 10 dakika bekletin. Fırından
çıkarın, koruyucu kağıdı yırtın ve soğumaya bırakın. Kremayı sert
bir köpük haline gelinceye kadar çırpın ve beze üzerine yayın.
Meyveleri çekici bir şekilde üstüne yerleştirin.

mikrodalga kek

Bundan 20 cm'lik bir pasta yapılabilir

225 g / 8 oz / 2 su bardağı sade un (çok amaçlı)

15 ml / 1 yemek kaşığı kabartma tozu

50 g / 2 oz / ¼ bardak pudra şekeri (süper ince)

100 g / 4 oz / ½ fincan tereyağı veya margarin

75 ml / 5 yemek kaşığı krema (hafif)

1 yumurta

Unu, kabartma tozunu ve şekeri köpürene kadar karıştırın, ardından tereyağı veya margarini galeta unu haline getirin. Krema ve yumurtayı karıştırıp, yumuşak bir hamur elde edene kadar unu ekleyin. Yağlanmış 20 cm/8 mikrodalga fırın tepsisine bastırın ve yüksek sıcaklıkta 6 dakika pişirin. 4 dakika dinlenmeye bırakın, kalıptan çıkarın ve tel ızgara üzerinde soğutmayı tamamlayın.

Mikrodalga Çilekli Kek

Bundan 20 cm'lik bir pasta yapılabilir

900 g / 2 lb çilek, kalın dilimlenmiş

225 g / 8 oz / 1 su bardağı pudra şekeri (çok ince)

225 g / 8 oz / 2 su bardağı sade un (çok amaçlı)

15 ml / 1 yemek kaşığı kabartma tozu

175 g / 6 oz / ¾ bardak tereyağı veya margarin

75 ml / 5 yemek kaşığı krema (hafif)

1 yumurta

150 ml / ¼ pt / 2/3 su bardağı çift krema (ağır), çırpılmış

Çilekleri 175 g / 6 oz / ¾ bardak şekerle karıştırın ve en az 1 saat buzdolabında saklayın.

Unu, kabartma tozunu ve kalan şekeri karıştırın ve 100 gr tereyağı veya margarinle ekmek kırıntısı görünümü alana kadar ovalayın. Krema ve yumurtayı karıştırıp, yumuşak bir hamur elde edene kadar unu ekleyin. Yağlanmış 20 cm/8 mikrodalga fırın tepsisine bastırın ve yüksek sıcaklıkta 6 dakika pişirin. 4 dakika kadar dinlendirdikten sonra kalıptan çıkarıp sıcakken ikiye bölün. Soğumaya bırakın.

Her iki kesme yüzeyini kalan tereyağı veya margarinle yağlayın. Tabanın üzerine krem şantinin üçte birini, üstüne de çileklerin dörtte üçünü yayın. Kremanın üçte birini daha örtün ve ikinci pastayı üstüne yerleştirin. Kalan kremayı ve çilekleri üstüne koyun.

Mikrodalga pandispanya

18 cm'lik bir pasta yapar

150 g / 5 oz / 1¼ bardak kendiliğinden kabaran un (kendiliğinden kabaran)

100 g / 4 oz / ½ fincan tereyağı veya margarin

100 g / 4 oz / ½ bardak pudra şekeri (süper ince)

2 yumurta

30 ml / 2 yemek kaşığı süt

Tüm malzemeleri pürüzsüz olana kadar karıştırın. 18cm / 7cm taban astarlı bir kaseye, mikrodalgaya dayanıklı bir tabağa dökün ve Medium'da 6 dakika boyunca mikrodalgada pişirin. Tavada 5 dakika soğutun, ardından soğumayı tamamlamak için tel rafa aktarın.

Sultana mikrodalga çubukları

12 yıl önce

175 g / 6 oz / ¾ bardak tereyağı veya margarin

100 g / 4 oz / ½ bardak pudra şekeri (süper ince)

15 ml / 1 yemek kaşığı altın şurubu (açık mısır)

75 g / 3 oz / ½ bardak kuru üzüm (altın kuru üzüm)

5 ml / 1 çay kaşığı rendelenmiş limon kabuğu

225 g / 8 oz / 2 su bardağı kendiliğinden kabaran un (kendiliğinden kabaran)

Buzlanma (buzlanma) için:

175 g / 6 oz / 1 su bardağı pudra şekeri (şekerlemeler)

30 ml / 2 yemek kaşığı limon suyu

Tereyağı veya margarini, rafine şekeri ve şurubu Medium'da 2 dakika ısıtın. Kuru üzümleri ve limon kabuğu rendesini karıştırın. Unu ekleyin. Yağlanmış ve astarlanmış 20 cm'lik kare, mikrodalgaya dayanıklı bir kaba dökün ve orta ateşte sertleşene kadar 8 dakika pişirin. Biraz soğumaya bırakın.

Pudra şekerini bir kaseye alıp ortasını havuz gibi açın. Pürüzsüz bir tepe elde etmek için limon suyunu yavaş yavaş karıştırın. Hala sıcak olan kekin üzerine yayın ve tamamen soğumasını bekleyin.

Mikrodalga çikolatalı kurabiye

24 yıl önce

225g / 8oz / 1 su bardağı tereyağı veya margarin, yumuşatılmış

100 g / 4 oz / ½ bardak koyu kahverengi şeker

5 ml / 1 çay kaşığı vanilya özü (ekstresi)

225 g / 8 oz / 2 su bardağı kendiliğinden kabaran un (kendiliğinden kabaran)

50g / 2oz / ½ bardak toz içme çikolatası

Tereyağı, şeker ve vanilya özünü köpürene kadar çırpın. Unu ve çikolatayı yavaş yavaş ekleyerek pürüzsüz bir hamur elde edene kadar çırpın. Ceviz büyüklüğünde toplar yapıp altısını yağlayıp mikrodalga fırına (fırına) koyun ve çatalla hafifçe bastırın. Tüm kurabiyeler pişene kadar her partiyi 2 dakika boyunca yüksek sıcaklıkta mikrodalgada tutun. Tel ızgara üzerinde soğumaya bırakın.

Mikrodalga hindistan cevizli kurabiye

24 yıl önce

50 g / 2 oz / ¼ bardak tereyağı veya margarin, yumuşatılmış

75 g / 3 oz / 1/3 su bardağı pudra şekeri (süper ince)

1 yumurta, hafifçe çırpılmış

2,5 ml / ½ çay kaşığı vanilya özü (ekstresi)

75 g / 3 oz / ¾ bardak sade un (çok amaçlı)

25 g / 1 oz / ¼ bardak kurutulmuş hindistan cevizi (rendelenmiş)

Bir tutam tuz

30 ml / 2 yemek kaşığı çilek reçeli (konserve)

Tereyağı veya margarini ve şekeri köpürene kadar çırpın. Un, hindistan cevizi ve tuzu dönüşümlü olarak yumurta ve vanilya özünü ekleyin ve pürüzsüz bir hamur elde edene kadar karıştırın. Ceviz büyüklüğünde toplar yapın ve yağlanmış mikrodalga fırın (bisküvi) fırın tepsisine altışar adet yerleştirin ve çatalla hafifçe bastırarak hafifçe düzleştirin. Katılaşana kadar 3 dakika mikrodalgada tutun. Tel ızgara üzerine yerleştirin ve her kurabiyenin ortasına bir kaşık dolusu reçel koyun. Diğer çerezlerle tekrarlayın.

Mikrodalga Floransa

12 yıl önce

50 g / 2 oz / ¼ bardak tereyağı veya margarin

50 g / 2 oz / ¼ bardak demerara şekeri

15 ml / 1 yemek kaşığı altın şurubu (açık mısır)

50 g / 2 oz / ¼ bardak sırlı kiraz (şekerlenmiş)

75 g / 3 oz / ¾ bardak ceviz, doğranmış

25 g / 1 oz / 3 yemek kaşığı kuru üzüm (altın kuru üzüm)

25 g / 1 oz / ¼ bardak pullanmış badem (pulcuklanmış)

30 ml / 2 yemek kaşığı doğranmış karışık kabuklu (şekerlenmiş)

25 g / 1 oz / ¼ bardak sade un (çok amaçlı)

100 g / 4 oz / 1 su bardağı sade (yarı tatlı) çikolata, doğranmış (isteğe bağlı)

Tereyağı veya margarini, şekeri ve şurubu mikrodalgada 1 dakika eriyene kadar ısıtın. Kirazları, cevizleri, kuru üzümleri ve bademleri karıştırın, ardından kabuğu ve unu ekleyip karıştırın. Karışımdan bir çay kaşığı dolusu, aralıklarla pişirme kağıdına (mumlu) dökün ve her porsiyonu dört kez yüksek sıcaklıkta 1,5 dakika pişirin. Kenarlarını bıçakla kesin, kağıt üzerinde 3 dakika soğutun, ardından tamamen soğuması için tel ızgara üzerine yerleştirin. Diğer çerezlerle tekrarlayın. Gerekirse çikolatayı bir kapta 30 saniye eritin ve Florentines'in bir tarafına yayın, ardından soğumaya bırakın.

Mikrodalga fındıklı kirazlı kurabiye

24 yıl önce

100 g / 4 oz / ½ fincan tereyağı veya margarin, yumuşatılmış

100 g / 4 oz / ½ bardak pudra şekeri (süper ince)

1 çırpılmış yumurta

175 g / 6 oz / 1½ su bardağı sade un (çok amaçlı)

50 g / 2 oz / ½ bardak öğütülmüş fındık

100 g / 4 oz / ½ bardak sırlı kiraz (şekerlenmiş)

Tereyağı veya margarini ve şekeri köpürene kadar çırpın. Yumurtayı yavaş yavaş ekleyin, ardından unu, fındığı ve vişneyi ekleyin. Kaşıkları mikrodalgaya uygun tabakaların üzerine eşit aralıklarla yerleştirin ve sekiz kraker (bisküvi) sertleşene kadar yaklaşık 2 dakika boyunca mikrodalgada pişirin.

Sultana mikrodalga bisküvi

24 yıl önce

225 g / 8 oz / 2 su bardağı sade un (çok amaçlı)

5 ml / 1 çay kaşığı öğütülmüş baharat (elmalı turta)

175 g / 6 oz / ¾ bardak tereyağı veya margarin, yumuşatılmış

100 g / 4 oz / 2/3 bardak kuru üzüm (altın kuru üzüm)

175 g / 6 oz / ¾ bardak demerara şekeri

Un ve baharat karışımını karıştırın, ardından tereyağı veya margarini, kuru üzümleri ve 100 g / 4 oz / ½ su bardağı şekeri ekleyerek yumuşak bir hamur elde edin. İki yaklaşık. 18 cm / 7 cm uzunluğunda bir sosis kalıbına yuvarlayın ve kalan şekeri yuvarlayın. Dilimler halinde kesin ve yağlanmış bir fırın tepsisine altışar adet yerleştirin ve mikrodalgada 2 dakika pişirin. Tel ızgara üzerinde soğutun ve kalan kurabiyelerle aynı işlemi tekrarlayın.

Mikrodalga Muzlu Ekmek

450g / 1lb somun yapar

75 g / 3 oz / 1/3 su bardağı tereyağı veya margarin, yumuşatılmış

175 g / 6 oz / ¾ bardak pudra şekeri (süper ince)

2 yumurta, hafifçe dövülmüş

200 g / 7 oz / 1¾ su bardağı sade un (çok amaçlı)

10 ml / 2 çay kaşığı kabartma tozu

2,5 ml / ½ çay kaşığı karbonat (kabartma tozu)

Bir tutam tuz

2 adet olgun muz

15 ml / 1 yemek kaşığı limon suyu

60 ml / 4 yemek kaşığı süt

50 g / 2 oz / ½ bardak ceviz, doğranmış

Tereyağı veya margarini ve şekeri köpürene kadar çırpın.
Yumurtaları yavaş yavaş çırpın, ardından un, kabartma tozu,
kabartma tozu ve tuzu ekleyin. Muzu limon suyuyla ezin, ardından
süt ve cevizle karıştırın. Yağlanmış ve unlanmış 450 g'lık somun
kalıbına (tavaya) koyun ve 12 dakika boyunca mikrodalgaya
koyun. Fırından çıkarın, alüminyum folyoyla örtün ve 10 dakika
soğumaya bırakın, ardından tamamen soğuması için fırına koyun.

Mikrodalga peynirli ekmek

450g / 1lb somun yapar

50 g / 2 oz / ¼ bardak tereyağı veya margarin

250 ml / 8 fl oz / 1 su bardağı süt

2 yumurta, hafifçe dövülmüş

225 g / 8 oz / 2 su bardağı sade un (çok amaçlı)

10 ml / 2 çay kaşığı kabartma tozu

10 ml / 2 çay kaşığı hardal tozu

2,5 ml / ½ çay kaşığı tuz

175 g / 6 oz / 1½ su bardağı kaşar peyniri, rendelenmiş

Tereyağı veya margarini küçük bir kasede yüksek ateşte 1 dakika eritin. Süt ve yumurta ekleyin. Unu, kabartma tozunu, hardalı, tuzu ve 100 g / 1 bardak peyniri karıştırın. Süt karışımını pürüzsüz hale gelinceye kadar karıştırın. Bir İngiliz tart tavasına (tavasına) aktarın ve 9 dakika boyunca yüksek sıcaklıkta mikrodalgaya koyun. Kalan peyniri serpin, alüminyum folyoyla örtün ve 20 dakika bekletin.

Mikrodalga Fındıklı Ekmek

450g / 1lb somun yapar

225 g / 8 oz / 2 su bardağı sade un (çok amaçlı)

300 g / 10 oz / 1¼ bardak pudra şekeri (çok ince)

5 ml / 1 çay kaşığı kabartma tozu

Bir tutam tuz

100 g / 4 oz / ½ fincan tereyağı veya margarin, yumuşatılmış

150 ml / ¼ pt / 2/3 su bardağı süt

2,5 ml / ½ çay kaşığı vanilya özü (ekstresi)

4 yumurta akı

50 g / 2 oz / ½ bardak ceviz, doğranmış

Un, şeker, maya ve tuzu karıştırın. Tereyağı veya margarini, ardından sütü ve vanilya özünü ekleyin. Yumurta aklarını ekleyip cevizi ekleyin. Yağlanmış ve unlanmış 450 g'lık somun kalıbına (tavaya) koyun ve 12 dakika boyunca mikrodalgaya koyun. Fırından çıkarın, alüminyum folyoyla örtün ve 10 dakika soğumaya bırakın, ardından tamamen soğuması için fırına koyun.

Pişmemiş Amaretti keki

Bundan 20 cm'lik bir pasta yapılabilir

100 g / 4 oz / ½ fincan tereyağı veya margarin

175 g / 6 oz / 1½ bardak sade çikolata (yarı tatlı)

Amaretti bisküvileri 75 g / 3 oz (kek), kabaca ezilmiş

175 g / 6 oz / 1½ su bardağı ceviz, doğranmış

50 g / 2 oz / ½ bardak çam fıstığı

75 g / 3 oz / 1/3 bardak sırlı (şekerlenmiş) kiraz, doğranmış

30 ml / 2 yemek kaşığı Grand Marnier

225 g / 8 oz / 1 su bardağı Mascarpone peyniri

Tereyağını veya margarini ve çikolatayı sıcak suyun üzerine yerleştirilmiş ısıya dayanıklı bir kapta eritin. Ocaktan alıp krakerleri, cevizleri ve vişneleri ekleyin. Folyo (plastik folyo) kaplı bir sandviç kalıbına (tavaya) dökün ve dikkatlice bastırın. Sertleşene kadar 1 saat kadar buzdolabında bekletin. Bir tabağa aktarın ve plastik ambalajı çıkarın. Grand Marnier'i Mascarpone ile çırpın ve tabanın üstüne yerleştirin.

Amerikan Çıtır Pirinç Cipsi

Yaklaşık 24 bar yapar

50 g / 2 oz / ¼ bardak tereyağı veya margarin

225 gr beyaz marshmallow

5 ml / 1 çay kaşığı vanilya özü (ekstresi)

150 g / 5 oz / 5 bardak şişirilmiş pirinç gevreği

Tereyağı veya margarini geniş bir tencerede, kısık ateşte eritin. Marshmallowları ekleyin ve marshmallowlar eriyene ve karışım şurup kıvamına gelinceye kadar sürekli karıştırarak pişirin. Ocaktan alıp vanilya özünü ekleyin. Eşit şekilde kaplanana kadar pirinci karıştırın. 23 cm/9 karelik bir fırın tepsisine (tavaya) bastırın ve dilimler halinde kesin. Bırakın ayarlasın.

Şam kareleri

12 yıl önce

50 g / 2 oz / ¼ bardak tereyağı veya margarin

175 g / 6 oz / 1 küçük kutu buharlanmış süt

15 ml / 1 yemek kaşığı saf bal

45 ml / 3 yemek kaşığı elma suyu

50 g / 2 oz / ¼ bardak yumuşak esmer şeker

50 g / 2 oz / 1/3 bardak kuru üzüm (altın kuru üzüm)

225 g / 8 oz / 11/3 su bardağı yemeye hazır kuru kayısı, doğranmış

100 g / 4 oz / 1 su bardağı kurutulmuş hindistan cevizi (kıyılmış)

225 g / 8 oz / 2 su bardağı yulaf ezmesi

Tereyağı veya margarini süt, bal, elma suyu ve şekerle eritin. Malzemelerin geri kalanını ekleyin. Yağlanmış 25/12 cm'lik kelepçeli kalıba bastırın ve kare şeklinde kesmeden önce buzdolabında saklayın.

İsviçre Şam rulo keki

23 cm'lik bir pasta yapar

400 g / 14 oz / 1 büyük kutu ikiye bölünmüş kayısı, suyu süzülmüş ve suyu ayrılmış

50 g / 2 oz / ½ fincan krema tozu

75 g / 3 oz / ¼ bardak kayısı reçeli (şeffaf kutu)

75 g / 3 oz / ½ bardak yemeye hazır kuru kayısı, doğranmış

400 g / 14 oz / 1 büyük kutu yoğunlaştırılmış süt

225 g / 8 oz / 1 su bardağı süzme peynir

45 ml / 3 yemek kaşığı limon suyu

1 İsviçre rulosu, dilimlenmiş

500 ml / 17 fl oz / 2¼ bardak elde etmek için suyla kayısı suyu hazırlayın. Krema tozunu sıvının bir kısmıyla macun haline gelinceye kadar karıştırın ve geri kalanını kaynatın. Muhallebi ezmesini ve kayısı reçelini ekleyip sürekli karıştırarak koyu ve parlak bir kıvama gelinceye kadar pişirin. Kayısı reçellerini ezin ve kuru kayısılarla birlikte karışıma ekleyin. Ara sıra karıştırarak soğumaya bırakın.

Yoğunlaştırılmış süt, süzme peynir ve limon suyunu iyice çırpın ve jelatine ekleyin. 23 cm'lik bir kek kalıbını (pişirme kalıbı) plastik ambalajla (plastik ambalaj) kaplayın ve rulo dilimlerini (jöle) tavanın altına ve yanlarına yerleştirin. Kek karışımını ekleyin ve soğuyana kadar buzdolabında saklayın. Servis yaparken dikkatli bir şekilde şekil verin.

Kırık bisküvi kekleri

12 yıl önce

100 g / 4 oz / ½ fincan tereyağı veya margarin

30 ml / 2 yemek kaşığı pudra şekeri (süper ince)

15 ml / 1 yemek kaşığı altın şurubu (açık mısır)

30 ml / 2 yemek kaşığı kakao (şekersiz çikolata) tozu

225 g / 8 oz / 2 su bardağı kurabiye kırıntısı (bisküvi)

50 g / 2 oz / 1/3 bardak kuru üzüm (altın kuru üzüm)

Tereyağını veya margarini şeker ve şurupla birlikte kaynatmadan eritin. Kakaoyu, bisküvileri ve kuru üzümleri ekleyin. Yağlanmış 25cm / 10cm kek kalıbına dökün, soğumaya bırakın ve sertleşene kadar buzdolabında saklayın. Kareler halinde kesin.

Pişmemiş ayran keki

23 cm'lik bir pasta yapar

30 ml / 2 yemek kaşığı krema tozu

100 g / 4 oz / ½ bardak pudra şekeri (süper ince)

450 ml / ¾ pt / 2 su bardağı süt

175 ml ayran / 6 fl oz / ¾ bardak ayran

25 g / 1 oz / 2 yemek kaşığı tereyağı veya margarin

400 gr kurabiye (kek), ezilmiş

120 ml / 4 fl oz / ½ bardak ağır krema

Krema ve şekeri biraz sütle köpürene kadar çırpın. Kalan sütü kaynatın. Masayı karıştırın, karışımın tamamını tavaya geri koyun ve koyulaşana kadar yaklaşık 5 dakika pişirin. Ayran ve tereyağı veya margarini ekleyin. Ezilmiş bisküvi ve krema karışımını katmanlar halinde plastik ambalajla (plastik film) veya cam tabakla kaplı 23 cm/9'luk bir kek kalıbına (pişirme kalıbı) yayın. Dikkatlice bastırın ve sertleşene kadar soğutun. Kremayı sert bir köpük haline getirin, ardından kremalı rozetleri kekin üzerine kaşıkla dökün. Plakadan servis yapın veya servis yapmak için dikkatlice kaldırın.

kestane dilimi

900 gramlık somun yapar

225 g / 8 oz / 2 bardak sade çikolata (yarı tatlı)

100 g / 4 oz / ½ fincan tereyağı veya margarin, yumuşatılmış

100 g / 4 oz / ½ bardak pudra şekeri (süper ince)

450 g / 1 lb / 1 büyük kutu şekersiz kestane püresi

25 g / 1 oz / ¼ bardak pirinç unu

Birkaç damla vanilya özü (özü)

150 ml / ¼ pt / 2/3 su bardağı krem şanti

dekorasyon için rendelenmiş çikolata

Saf çikolatayı ısıya dayanıklı bir kapta, kaynayan suyun üzerinde eritin. Tereyağı veya margarini ve şekeri köpürene kadar çırpın. Kestane püresini, çikolatayı, pirinç ununu ve vanilya özünü ekleyin. Yağlanmış ve astarlı 900 g'lık bir pişirme kabına (pişirme kabı) yerleştirin ve sertleşinceye kadar buzdolabında saklayın. Servis etmeden önce üzerini krem şanti ve rendelenmiş çikolata ile süsleyin.

Kestaneli pandispanya

900 gr kek yapar

Kek için:

400g / 14oz / 1 büyük kutu şekerli kestane püresi

100 g / 4 oz / ½ fincan tereyağı veya margarin, yumuşatılmış

1 yumurta

Birkaç damla vanilya özü (özü)

30 ml / 2 yemek kaşığı brendi

24 adet pandispanya (bisküvi)

Glazür için:

30 ml / 2 yemek kaşığı kakao (şekersiz çikolata) tozu

15 ml / 1 yemek kaşığı pudra şekeri (süper ince)

30 ml / 2 yemek kaşığı su

Tereyağı kreması için:

100 g / 4 oz / ½ fincan tereyağı veya margarin, yumuşatılmış

100 g / 4 oz / 2/3 su bardağı elenmiş pudra şekeri (şekerlemeler)

15 ml / 1 yemek kaşığı kahve esansı (ekstresi)

Kek için kestane püresi, tereyağı veya margarin, yumurta, vanilya özü ve 15 ml / 1 yemek kaşığı brendiyi çırpın ve pürüzsüz hale gelinceye kadar çırpın. 900 g'lık kek kalıbını (pişirme kalıbı) yağlayın ve astarlayın, altını ve yanlarını sünger parmaklarla kaplayın. Kalan brendiyi bisküvilerin üzerine serpip ortasına kestane karışımını yerleştirin. Sertçe soğutun.

Kutudan çıkarın ve astar kağıdını çıkarın. Pansuman malzemelerini ısıya dayanıklı bir kapta kaynar su üzerinde eritin ve pürüzsüz hale gelinceye kadar karıştırın. Biraz soğumaya bırakın ve kremanın çoğunu kekin üzerine yayın. Tereyağlı krema malzemelerini pürüzsüz hale gelinceye kadar karıştırın, ardından pastanın kenarının etrafında döndürün. Bitirmek için ayrılan sırla gezdirin.

Çikolata ve badem dilimleri

12 yıl önce

175 g / 6 oz / 1½ bardak sade (yarı tatlı) çikolata, doğranmış

3 yumurta, ayrılmış

120 ml / 4 fl oz / ½ su bardağı süt

10 ml / 2 çay kaşığı jelatin tozu

120 ml / 4 fl oz / ½ bardak çift krema (ağır)

45 ml / 3 yemek kaşığı pudra şekeri (çok ince)

60 ml / 4 yemek kaşığı file badem (pulcuklanmış), kızartılmış

Çikolatayı, kaynayan suyun üzerinde ısıya dayanıklı bir kapta eritin. Ateşten alıp sarısını ekleyin. Sütü ayrı bir tencerede kaynatın ve jelatini ekleyin. Çikolatalı karışımı ekleyip kremayı ekleyin. Yumurta aklarını sert bir köpük haline gelinceye kadar çırpın, ardından şekeri ekleyin ve tekrar sert bir köpük haline gelinceye kadar çırpın. Karışımı çevirin. Yağlanmış ve astarlanmış 450 g'lık bir pişirme kabına (pişirme kabı) dökün, üzerine kızarmış badem serpin, soğumaya bırakın, ardından donması için en az 3 saat buzdolabına koyun. Servis yapmak için ters çevirin ve kalın dilimler halinde kesin.

Çıtır çikolatalı kek

450g / 1lb somun yapar

150 g / 5 oz / 2/3 su bardağı tereyağı veya margarin
30 ml / 2 yemek kaşığı altın şurubu (hafif mısır)

175 gr sindirilebilir kraker kırıntıları (graham kraker)

50 g / 2 oz / 2 bardak şişirilmiş pirinç gevreği

25 g / 1 oz / 3 yemek kaşığı kuru üzüm (altın kuru üzüm)

25 g / 1 oz / 2 yemek kaşığı sırlı (şekerlenmiş) kiraz, doğranmış

225 g / 8 oz / 2 bardak çikolata parçacıkları

30 ml / 2 yemek kaşığı su

175 g / 6 oz / 1 su bardağı elenmiş pudra şekeri (şekerleme)

100 gr tereyağı veya margarini şurupla eritin, ocaktan alın ve bisküvi kırıntılarını, mısır gevreğini, kuru üzümleri, kirazları ve çikolata parçacıklarının dörtte üçünü ekleyin. Tereyağlanmış ve astarlanmış 450 g'lık bir fırın kabına (pişirme kabı) dökün ve yüzeyini düzeltin. Sertçe soğutun. Kalan tereyağı veya margarini kalan çikolata ve suyla eritin. Pudra şekeri ekleyin ve pürüzsüz hale gelinceye kadar karıştırın. Keki kalıptan çıkarıp uzunlamasına ikiye bölün. Çikolatalı kremanın yarısını içeren sandviçi bir tabağa yerleştirin ve kalan kremayı üzerine dökün. Servis yapmadan önce soğutun.

Çikolata kırıntısı kareler

24 civarında verim

225 gr sindirim bisküvisi (graham kraker)

100 g / 4 oz / ½ fincan tereyağı veya margarin

25 g / 1 oz / 2 yemek kaşığı pudra şekeri (çok ince)

15 ml / 1 yemek kaşığı altın şurubu (açık mısır)

45 ml / 3 yemek kaşığı kakao (şekersiz çikolata) tozu

200 g / 7 oz / 1¾ bardak çikolatalı kek kreması

Kurabiyeleri plastik bir torbaya koyun ve oklava ile düzleştirin. Tereyağını veya margarini bir tavada eritin, ardından şekeri ve şurubu ekleyin. Ocaktan alıp bisküvi kırıntılarını ve kakaoyu ekleyin. Yağlanmış ve unlanmış 18 cm / 7 cm kare kek kalıbına düzleyin ve eşit şekilde bastırın. Sertleşene kadar soğumaya bırakın ve buzdolabında saklayın.

Çikolatayı, kaynayan suyun üzerinde ısıya dayanıklı bir kapta eritin. Bisküvinin üzerine yayın, hizalarken çatalla çizgilerini çizin. Sertse karelere kesin.

Çikolatalı dondurmalı kek

450 gr kek yapılıyor

100 g / 4 oz / ½ bardak yumuşak esmer şeker

100 g / 4 oz / ½ fincan tereyağı veya margarin

50g / 2oz / ½ bardak toz içme çikolatası

25 g / 1 oz / ¼ fincan kakao tozu (şekersiz çikolata).

30 ml / 2 yemek kaşığı altın şurubu (hafif mısır)

150g (5oz) Sindirim Amaçlı Kraker (Graham Krakeri) veya Zengin Çay Krakeri

50 g / 2 oz / ¼ bardak sırlı kiraz (şekerlenmiş) veya ceviz-kuru üzüm karışımı

100 g / 4 oz / 1 bardak sütlü çikolata

Şekeri, tereyağını veya margarini bir tencereye koyun, çikolatayı, kakaoyu ve şurubu ekleyin ve iyice karıştırarak tereyağı eriyene kadar hafifçe ısıtın. Ateşten alın ve krakerlerin içine ufalayın. Kirazları veya cevizleri ve kuru üzümleri karıştırın ve 450 gramlık bir somun kalıbına (tavaya) yerleştirin. Buzdolabında soğumaya bırakın.

Çikolatayı, kaynayan suyun üzerinde ısıya dayanıklı bir kapta eritin. Soğuyan kekin üzerine sürün ve sertleştiğinde dilimleyin.

Çikolatalı ve meyveli kek

18 cm'lik bir pasta yapar

100 g / 4 oz / ½ bardak eritilmiş tereyağı veya margarin

100 g / 4 oz / ½ bardak yumuşak esmer şeker

225 g / 8 oz / 2 bardak Sindirim Kırıntıları (Graham Krakerleri)

50 g / 2 oz / 1/3 bardak kuru üzüm (altın kuru üzüm)

45 ml / 3 yemek kaşığı kakao (şekersiz çikolata) tozu

1 çırpılmış yumurta

Birkaç damla vanilya özü (özü)

Tereyağı veya margarin ve şekeri karıştırın, diğer malzemeleri ekleyin ve iyice karıştırın. Tereyağlanmış 18 cm'lik sandviç kalıbına (pişirme kabı) aktarın ve yüzeyini düzeltin. Sertleşene kadar buzdolabına koyun.

Çikolata ve zencefil kareleri

24 yıl önce

100 g / 4 oz / ½ fincan tereyağı veya margarin

100 g / 4 oz / ½ bardak yumuşak esmer şeker

30 ml / 2 yemek kaşığı kakao (şekersiz çikolata) tozu

1 yumurta, hafifçe çırpılmış

225 g / 8 oz / 2 su bardağı zencefilli kurabiye kırıntıları (bisküvi)

15 ml / 1 yemek kaşığı kristalize (şekerlenmiş) zencefil, doğranmış

Tereyağını veya margarini eritin ve iyice birleşene kadar şeker ve kakaoyu ekleyin. Yumurtayı, bisküvi kırıntılarını ve zencefili ekleyip karıştırın. Jello tavasına bastırın ve sertleşinceye kadar buzdolabında saklayın. Kareler halinde kesin.

Lüks çikolata ve zencefil kareleri

24 yıl önce

100 g / 4 oz / ½ fincan tereyağı veya margarin

100 g / 4 oz / ½ bardak yumuşak esmer şeker

30 ml / 2 yemek kaşığı kakao (şekersiz çikolata) tozu

1 yumurta, hafifçe çırpılmış

225 g / 8 oz / 2 su bardağı zencefilli kurabiye kırıntıları (bisküvi)

15 ml / 1 yemek kaşığı kristalize (şekerlenmiş) zencefil, doğranmış

100 g / 4 oz / 1 bardak sade çikolata (yarı tatlı)

Tereyağını veya margarini eritin ve iyice birleşene kadar şeker ve kakaoyu ekleyin. Yumurtayı, bisküvi kırıntılarını ve zencefili ekleyip karıştırın. Jello tavasına bastırın ve sertleşinceye kadar buzdolabında saklayın.

Çikolatayı, kaynayan suyun üzerinde ısıya dayanıklı bir kapta eritin. Kekin üzerine yayıp soğumaya bırakın. Çikolata neredeyse sertleştiğinde kareler halinde kesin.

Ballı çikolatalı kurabiye

12 yıl önce

225 g / 8 oz / 1 su bardağı tereyağı veya margarin

30 ml / 2 yemek kaşığı saf bal

90 ml / 6 yemek kaşığı keçiboynuzu veya kakao tozu (şekersiz çikolata).

225 g / 8 oz / 2 su bardağı tatlı kraker kırıntıları (bisküvi)

Tereyağı veya margarini, balı ve keçiboynuzu veya kakao tozunu bir tavada iyice birleşene kadar eritin. Bisküvi kırıntılarını ekleyip karıştırın. Yağlanmış 20 cm'lik kare kalıba kaşıkla dökün, soğumaya bırakın ve kareler halinde kesin.

Çikolatalı katmanlı kek

450 gr kek yapılıyor

300 ml / ½ pt / 1¼ bardak çift krema (ağır)

225 g / 8 oz / 2 bardak sade (yarı tatlı) çikolata, ufalanmış

5 ml / 1 çay kaşığı vanilya özü (ekstresi)

20 adet sade kurabiye (çerez)

Kremayı bir tavada kısık ateşte neredeyse kaynayana kadar ısıtın. Ocaktan alıp çikolatayı ekleyin, karıştırın, üzerini kapatın ve 5 dakika bekletin. Vanilya özünü ekleyin ve iyice karıştırın, ardından karışım koyulaşmaya başlayıncaya kadar buzdolabında saklayın.

450 gramlık bir pişirme kabını (pişirme kalıbı) plastik ambalajla (plastik ambalaj) kaplayın. Alt kısmına bir kat çikolata sürün, ardından kurabiyeleri üstüne tek kat halinde yerleştirin. Çikolata ve kurabiyeleri bitene kadar yayın. Bir kat çikolatayla bitirin. Folyo ile örtün ve en az 3 saat buzdolabında saklayın. Pastayı şekillendirin ve folyoyu çıkarın.

iyi çikolatalar

12 yıl önce

100 g / 4 oz / ½ fincan tereyağı veya margarin

30 ml / 2 yemek kaşığı altın şurubu (hafif mısır)

30 ml / 2 yemek kaşığı kakao (şekersiz çikolata) tozu

225 g / 8 oz / 1 paket Bisküvi veya sade kurabiye (kurabiye), iri ezilmiş

100 g / 4 oz / 1 su bardağı sade (yarı tatlı) çikolata, doğranmış

Tereyağı veya margarini ve şurubu eritin, ocaktan alın ve kakao ve kırılmış bisküvileri ekleyip karıştırın. Karışımı 23cm/9 kare bir tavaya (tavaya) yayın ve yüzeyi düzeltin. Çikolatayı ısıya dayanıklı bir kapta kaynayan suyun içinde eritip üzerine dökün. Hafifçe soğumaya bırakın, küp veya kare şeklinde kesin ve sertleşinceye kadar buzdolabında saklayın.

Çikolatalı pralin kareleri

12 yıl önce

100 g / 4 oz / ½ fincan tereyağı veya margarin

30 ml / 2 yemek kaşığı pudra şekeri (süper ince)

15 ml / 1 yemek kaşığı altın şurubu (açık mısır)

15 ml / 1 yemek kaşığı içme çikolata tozu

225 gr sindirim bisküvisi (graham kraker), kırık

200 g / 7 oz / 1¾ bardak sade çikolata (yarı tatlı)

100 g / 4 oz / 1 su bardağı doğranmış karışık kuruyemiş

Tereyağı veya margarini, şekeri, pekmezi ve içme çikolatasını bir tavada eritin. Kaynatın ve 40 saniye pişirin. Ocaktan alıp krakerleri ve cevizi ekleyin. Yağlanmış 28 x 18 cm / 11 x 7 kek kalıbına (pişirme kalıbı) bastırın. Çikolatayı, kaynayan suyun üzerinde ısıya dayanıklı bir kapta eritin. Kurabiyenin üzerine yayın ve soğumasını bekleyin, ardından kareler halinde kesmeden önce 2 saat buzdolabında bekletin.

Hindistan cevizi gevrek

12 yıl önce

100 g / 4 oz / 1 bardak sade çikolata (yarı tatlı)

30 ml / 2 yemek kaşığı süt

30 ml / 2 yemek kaşığı altın şurubu (hafif mısır)

100 g / 4 oz / 4 bardak şişirilmiş pirinç gevreği

50 g / 2 oz / ½ bardak kurutulmuş hindistan cevizi (rendelenmiş)

Çikolatayı, sütü ve şurubu bir tavada eritin. Ocaktan alıp mısır gevreğini ve hindistan cevizini ekleyin. Kurabiye kağıdı formlarına (kek kağıtları) dökün ve sertleşmesini bekleyin.

Crunch Barlar

12 yıl önce

175 g / 6 oz / ¾ bardak tereyağı veya margarin

50 g / 2 oz / ¼ bardak yumuşak esmer şeker

30 ml / 2 yemek kaşığı altın şurubu (hafif mısır)

45 ml / 3 yemek kaşığı kakao (şekersiz çikolata) tozu

75 gr kuru üzüm veya kuru üzüm (altın kuru üzüm)

350 g / 12 oz / 3 bardak Çıtır Yulaf Ezmesi

225 g / 8 oz / 2 bardak sade çikolata (yarı tatlı)

Tereyağı veya margarini şeker, şurup ve kakaoyla birlikte eritin. Kuru üzüm veya kuru üzüm ve mısır gevreğini karıştırın. Karışımı yağlanmış 25/12 cm'lik kek kalıbına bastırın. Çikolatayı, kaynayan suyun üzerinde ısıya dayanıklı bir kapta eritin. Çubukların üzerine yayın, soğumaya bırakın ve dilimler halinde kesmeden önce soğutun.

Hindistan cevizi ve kuru üzüm cipsi

12 yıl önce

100 g / 4 oz / 1 bardak beyaz çikolata

30 ml / 2 yemek kaşığı süt

30 ml / 2 yemek kaşığı altın şurubu (hafif mısır)

175 g / 6 oz / 6 bardak Şişirilmiş Pirinç Gevreği

50 g / 2 oz / 1/3 bardak kuru üzüm

Çikolatayı, sütü ve şurubu bir tavada eritin. Ocaktan alıp mısır gevreğini ve kuru üzümleri ekleyip karıştırın. Kurabiye kağıdı formlarına (kek kağıtları) dökün ve sertleşmesini bekleyin.

Süt kareli kahve

20 yıl önce

25 g / 1 oz / 2 yemek kaşığı jelatin tozu

75 ml / 5 yemek kaşığı soğuk su

225 g / 8 oz / 2 su bardağı sade kurabiye kırıntıları (bisküvi)

50 g / 2 oz / ¼ bardak eritilmiş tereyağı veya margarin

400 g / 14 oz / 1 büyük kutu buharlanmış süt

150 g / 5 oz / 2/3 su bardağı pudra şekeri (çok ince)

400 ml / 14 fl oz / 1¾ bardak koyu siyah kahve, soğutulmuş

Dekorasyon için krem şanti ve şekerlenmiş (şekerlenmiş) portakal dilimleri

Jelatini bir kaseye su serpin ve süngerimsi hale gelmesini bekleyin. Kabı sıcak suya koyun ve çözünmesini bekleyin. Biraz soğumaya bırakın. Bisküvi kırıntılarını eritilmiş tereyağıyla karıştırın ve yağlanmış 30 x 20 cm / 12 x 8 dikdörtgen kek kalıbının tabanına ve yanlarına bastırın. Buharlaştırılmış sütü koyulaşana kadar çırpın, ardından yavaş yavaş şekeri, ardından çözünmüş jelatini ve kahveyi ekleyin. Tabanın üzerine yayın ve soğumaya bırakın. Kareler halinde kesin ve çırpılmış krema ve şekerlenmiş (şekerlenmiş) portakal dilimleri ile süsleyin.

Fırınlanmayan meyveli kek

23 cm'lik bir pasta yapar

450 g / 1 lb / 22/3 su bardağı karışık kurutulmuş meyve (meyveli kek karışımı)

450 gr sade bisküvi (kek), kırılmış

100 g / 4 oz / ½ bardak eritilmiş tereyağı veya margarin

100 g / 4 oz / ½ bardak yumuşak esmer şeker

400 g / 14 oz / 1 büyük kutu yoğunlaştırılmış süt

5 ml / 1 çay kaşığı vanilya özü (ekstresi)

Tüm malzemeleri iyice birleşene kadar karıştırın. Yağlanmış, 23 cm'lik, kaşıkla (tava) yağlanmış, folyoyla (plastik folyo) kaplı bir kalıba dökün ve bastırın. Sertçe soğutun.

meyve kareleri

Verim yaklaşık 12

100 g / 4 oz / ½ fincan tereyağı veya margarin

100 g / 4 oz / ½ bardak yumuşak esmer şeker

400 g / 14 oz / 1 büyük kutu yoğunlaştırılmış süt

5 ml / 1 çay kaşığı vanilya özü (ekstresi)

250 g / 9 oz / 1½ bardak karışık kurutulmuş meyve (meyveli kek karışımı)

100 g / 4 oz / ½ bardak sırlı kiraz (şekerlenmiş)

50 g / 2 oz / ½ bardak kıyılmış karışık fındık

400 gr kurabiye (kek), ezilmiş

Tereyağı veya margarini ve şekeri kısık ateşte eritin. Yoğunlaştırılmış sütü ve vanilya özünü ekleyin, ardından ocaktan alın. Diğer malzemeleri karıştırın. Yağlanmış bir İsviçre tavasına (jello tavası) bastırın ve sertleşene kadar 24 saat buzdolabında saklayın. Kareler halinde kesin.

Meyve ve lif çatırtıları

12 yıl önce

100 g / 4 oz / 1 bardak sade çikolata (yarı tatlı)

50 g / 2 oz / ¼ bardak tereyağı veya margarin

15 ml / 1 yemek kaşığı altın şurubu (açık mısır)

100 g / 4 oz / 1 bardak meyve ve lifli kahvaltı gevreği

Çikolatayı, kaynayan suyun üzerinde ısıya dayanıklı bir kapta eritin. Tereyağı veya margarin ve şurubu ekleyin. Tahıl ekleyin. Kağıt kek kalıplarına (kek kağıtları) dökün ve soğuyup sertleşmeye bırakın.

Nuga katmanlı kek

900 gr kek yapar

15 g / ½ oz / 1 yemek kaşığı jelatin tozu

100 ml / 3½ fl oz / 6½ yemek kaşığı su

1 paket küçük sünger

225g / 8oz / 1 su bardağı tereyağı veya margarin, yumuşatılmış

50 g / 2 oz / ¼ bardak pudra şekeri (süper ince)

400 g / 14 oz / 1 büyük kutu yoğunlaştırılmış süt

5 ml / 1 çay kaşığı limon suyu

5 ml / 1 çay kaşığı vanilya özü (ekstresi)

5 ml / 1 çay kaşığı tartar kreması

100 g / 4 oz / 2/3 su bardağı karışık kurutulmuş meyve (meyveli kek karışımı), doğranmış

Jelatini küçük bir kasedeki suyun üzerine serpin ve kaseyi, jelatin berraklaşana kadar sıcak suyun içine koyun. Biraz soğumaya bırakın. 900 g'lık bir fırın kabını (pişirme kalıbı) alüminyum folyo ile kaplayın, böylece folyo kalıbın üstünü kaplar, ardından kek pandispanyalarının yarısını alta yerleştirin. Tereyağı veya margarin ile şekeri köpürene kadar karıştırın, ardından diğer tüm malzemeleri ekleyin. Kalıba dökün ve kalan küçük pandispanyaları yerleştirin. Alüminyum folyo ile örtün ve üstüne bir ağırlık koyun. Sertçe soğutun.

Süt ve hindistan cevizi kareleri

20 yıl önce

Vakıf için:

225 g / 8 oz / 2 su bardağı sade kurabiye kırıntıları (bisküvi)

30 ml / 2 yemek kaşığı yumuşak esmer şeker

2,5 ml / ½ çay kaşığı rendelenmiş hindistan cevizi

100 g / 4 oz / ½ bardak eritilmiş tereyağı veya margarin

Dolgu için:

1,2 litre / 2 puan / 5 bardak süt

25 g / 1 oz / 2 yemek kaşığı tereyağı veya margarin

2 ayrı yumurta

225 g / 8 oz / 1 su bardağı pudra şekeri (çok ince)

100 g / 4 oz / 1 su bardağı mısır nişastası (mısır nişastası)

50 g / 2 oz / ½ bardak sade un (çok amaçlı)

5 ml / 1 çay kaşığı kabartma tozu

Bir tutam rendelenmiş hindistan cevizi

Üzerine serpmek için rendelenmiş hindistan cevizi

Tabanı hazırlamak için bisküvi kırıntılarını, şekeri ve hindistan cevizini eritilmiş tereyağı veya margarinle karıştırın ve yağlanmış 30 x 20 cm / 12 x 8 kek kalıbının tabanına bastırın.

Doldurmak için 1 litre / 1¾ pt / 4¼ bardak sütü büyük bir tencerede kaynatın. Tereyağı veya margarin ekleyin. Sarısını kalan sütle karıştırın. Şeker, mısır unu, un, kabartma tozu ve hindistan cevizini karıştırın. Kaynayan sütün bir kısmını yumurta sarısı karışımına macun kıvamına gelinceye kadar karıştırın, ardından posayı kaynayan sütün içine katın ve koyulaşana kadar birkaç dakika kısık ateşte sürekli karıştırın. Ateşten alın. Yumurta aklarını sert bir köpük haline getirin, ardından kütleye katlayın. Tabana yayın ve bolca hindistan cevizi serpin. Servis yapmadan önce soğumaya bırakın, soğumaya bırakın ve küpler halinde kesin.

Müsli Çıtırtı

Yaklaşık 16 kare yapar

400 g / 14 oz / 3½ bardak sade çikolata (yarı tatlı)

45 ml / 3 yemek kaşığı altın şurubu (hafif mısır)

25 g / 1 oz / 2 yemek kaşığı tereyağı veya margarin

Yaklaşık 225 g / 8 oz / 2/3 bardak müsli

Çikolatanın, şurubun ve tereyağının veya margarinin yarısını eritin. Sert bir karışım elde etmek için yavaş yavaş yeterli miktarda müsli ekleyin. Yağlanmış bir İsviçre rulo kalıbına (jöle rulo kalıbı) bastırın. Kalan çikolatayı eritip üzerine düzeltin. Karelere kesmeden önce buzdolabında saklayın.

Turuncu köpük kareler

20 yıl önce

25 g / 1 oz / 2 yemek kaşığı jelatin tozu

75 ml / 5 yemek kaşığı soğuk su

225 g / 8 oz / 2 su bardağı sade kurabiye kırıntıları (bisküvi)

50 g / 2 oz / ¼ bardak eritilmiş tereyağı veya margarin

400 g / 14 oz / 1 büyük kutu buharlanmış süt

150 g / 5 oz / 2/3 su bardağı pudra şekeri (çok ince)

400 ml / 14 fl oz / 1¾ su bardağı portakal suyu

Krem şanti ve çikolatalı şekerlemelerle süslemek için

Jelatini bir kaseye su serpin ve süngerimsi hale gelmesini bekleyin. Kabı sıcak suya koyun ve çözünmesini bekleyin. Biraz soğumaya bırakın. Bisküvi kırıntılarını eritilmiş tereyağıyla karıştırın, ardından tereyağlı 30 x 20 cm / 12 x 8 düz kek kalıbının tabanına ve yanlarına bastırın. Sütü koyulaşana kadar çırpın, ardından yavaş yavaş şekeri, ardından çözünmüş jelatini ve portakal suyunu ekleyin. Tabanın üzerine yayın ve soğumaya bırakın. Kareler halinde kesin ve krem şanti ve çikolatalı şekerlemelerle süsleyin.

fıstık kareleri

18 yıl önce

225 g / 8 oz / 2 su bardağı sade kurabiye kırıntıları (bisküvi)

100 g / 4 oz / ½ bardak eritilmiş tereyağı veya margarin

225 g / 8 oz / 1 su bardağı Çıtır Fıstık Ezmesi

25 g / 1 oz / 2 yemek kaşığı sırlı kiraz (şekerlenmiş)

25 g / 1 oz / 3 yemek kaşığı kuş üzümü

Tüm malzemeleri iyice birleşene kadar karıştırın. Yağlanmış 25 cm / 12 cm'lik bir fırın tepsisine (fırın tepsisi) bastırın ve sertleşinceye kadar soğutun, ardından kareler halinde kesin.

Nane karamelli kek

16 yıl önce

400 g / 14 oz / 1 büyük kutu yoğunlaştırılmış süt

600 ml / 1 pt / 2½ su bardağı süt

30 ml / 2 yemek kaşığı krema tozu

225 g / 8 oz / 2 bardak Sindirim Kırıntıları (Graham Krakerleri)

100 g / 4 oz / 1 bardak naneli çikolata, parçalara ayrılmış

Açılmamış yoğunlaştırılmış süt kutusunu, kutuyu kaplayacak kadar suyla birlikte bir tencereye koyun. Kaynatın, kapağını kapatın ve gerekirse kaynar su ekleyerek 3 saat pişirin. Soğumaya bırakın, kutuyu açın ve karamelden çıkarın.

500 ml / 17 fl oz / 2¼ bardak sütü karamel ile ısıtın, kaynatın ve eriyene kadar karıştırın. Krema tozunu kalan sütle macun kıvamına gelinceye kadar karıştırıp tencereye alın ve sürekli karıştırarak koyulaşıncaya kadar pişirmeye devam edin. Yağlanmış 20 cm / 8 kare kek kalıbının / 20 cm / 8'lik tabanına bisküvi kırıntılarının yarısını yayın, üzerine krem karamelin yarısını yerleştirin ve çikolatanın yarısını serpin. Katmanlamayı tekrarlayın ve soğumaya bırakın. Soğuduktan sonra dilimler halinde kesip servis yapın.

pirinç patlakları

24 yıl önce

175 g / 6 oz / ½ bardak saf bal

225 g / 8 oz / 1 su bardağı toz şeker

60 ml / 4 yemek kaşığı su

350 g / 12 oz / 1 kutu şişirilmiş pirinç gevreği

100 g / 4 oz / 1 su bardağı kavrulmuş fıstık

Bal, şeker ve suyu büyük bir tencerede eritin ve 5 dakika soğumaya bırakın. Tahıl ve fıstıkları ekleyin. Top haline getirin, kağıt kek kalıplarına (kek kağıdı) koyun ve soğuyup sertleşmesini bekleyin.

Pirinç ve çikolatalı toffette

Verim 225 g / 8 oz

50 g / 2 oz / ¼ bardak tereyağı veya margarin

30 ml / 2 yemek kaşığı altın şurubu (hafif mısır)

30 ml / 2 yemek kaşığı kakao (şekersiz çikolata) tozu

60 ml / 4 yemek kaşığı pudra şekeri (süper ince)

50 g / 2 oz / ½ bardak öğütülmüş pirinç

Tereyağını ve şurubu eritin. Kakao ve şekeri eriyene kadar ekleyin, ardından toz pirinci ekleyin. Hafifçe kaynatın, ısıyı azaltın ve kısık ateşte sürekli karıştırarak 5 dakika pişirin. Yağlanmış ve astarlanmış 20 cm'lik bir tavaya (tavaya) dökün ve biraz soğumaya bırakın. Kareler halinde kesin ve tavadan çıkarmadan önce tamamen soğumasını bekleyin.

Badem Ezmesi

23/9 cm'lik bir pastanın üstünü ve yanlarını kaplar

225 g / 8 oz / 2 su bardağı öğütülmüş badem

225 g / 8 oz / 11/3 su bardağı pudra şekeri (şekerleme), elenmiş

225 g / 8 oz / 1 su bardağı pudra şekeri (çok ince)

2 yumurta, hafifçe dövülmüş

10 ml / 2 çay kaşığı limon suyu

Birkaç damla badem özü (özü)

Bademleri ve şekeri çırpın. Pürüzsüz bir kütle elde edene kadar diğer malzemeleri yavaş yavaş karıştırın. Kullanmadan önce plastik ambalaja (plastik ambalaj) sarın ve buzdolabında saklayın.

Şekersiz badem ezmesi

15 cm / 6 cm pastanın üstünü ve yanlarını kaplar

100 g / 4 oz / 1 su bardağı öğütülmüş badem

50 g / 2 oz / ½ bardak fruktoz

25 g / 1 oz / ¼ bardak mısır unu (mısır nişastası)

1 yumurta, hafifçe çırpılmış

Pürüzsüz bir macun elde edene kadar tüm malzemeleri karıştırın. Kullanmadan önce plastik ambalaja (plastik ambalaj) sarın ve buzdolabında saklayın.

Kraliyet kreması

20 cm'lik pastanın üstünü ve yanlarını kaplar / 8

5 ml / 1 çay kaşığı limon suyu

2 yumurta akı

450 g / 1 lb / 22/3 su bardağı şekerleme (şekerleme) şekeri, elenmiş

5 ml / 1 çay kaşığı gliserin (isteğe bağlı)

Limon suyunu ve yumurta aklarını birlikte çırpın, ardından pudra şekerini yavaş yavaş ekleyerek krema pürüzsüz ve beyaz hale gelinceye ve bir kaşığın arkasını kaplayana kadar çırpın. Birkaç damla gliserin, kremanın fazla ufalanmasını önleyecektir. Üzerini nemli bir bezle örtün ve hava kabarcıklarının yüzeye çıkması için 20 dakika bekletin.

Bu kıvamdaki kabuk kekin üzerine dökülüp sıcak suya batırılmış bir bıçakla düzeltilir. Borulama için, buzlanmayı zirveler oluşturacak kadar sert hale getirmek için fazladan şekerleme şekeri karıştırın.

şekersiz buzlanma

15 cm'lik bir pastayı kaplayabilir

50 g / 2 oz / ½ bardak fruktoz

Bir tutam tuz

1 yumurta beyazı

2,5 ml / ½ çay kaşığı limon suyu

Fruktoz tozunu bir mutfak robotunda pudra şekeri kadar ince olana kadar karıştırın. Tuzu karıştırın. Isıya dayanıklı bir kaseye alıp yumurta aklarını ve limon suyunu ekleyin. Kaseyi hafifçe kaynayan su dolu bir tencereye yerleştirin ve sert tepeler oluşuncaya kadar çırpmaya devam edin. Ateşten alıp soğuyuncaya kadar çırpın.

fondan buzlanma

20/8 cm'lik bir pastayı kaplamak yeterlidir.

450 g (çok ince) veya kızarmış şeker

150 ml / ¼ pt / 2/3 su bardağı su

15 ml / 1 yemek kaşığı sıvı glikoz veya 2,5 ml / ½ çay kaşığı krem tartar

Şekeri büyük, ağır bir tencerede, düşük ateşte suda eritin. Kristal oluşumunu önlemek için tavanın kenarlarını soğuk suya batırılmış bir fırça ile temizleyin. Tartar kremasını bir miktar suda eritip tavada karıştırın. Kaynatın ve bir damla buzlanma soğuk suya düştüğünde yumuşak bir top oluşturduğunda 115°C'ye kadar sürekli kaynatın. Şurubu yavaş yavaş ısıya dayanıklı bir kaseye dökün ve kabuk oluşana kadar bekletin. Kremayı opak ve sert bir kıvama gelinceye kadar tahta bir kaşıkla çırpın. Pürüzsüz olana kadar yoğurun. Kullanmadan önce, gerekirse yumuşaması için ısıya dayanıklı bir kapta sıcak su üzerinde ısıtın.

Tereyağlı krema

20 cm'lik pastayı doldurmak ve kaplamak için uygundur / 8

100 g / 4 oz / ½ fincan tereyağı veya margarin, yumuşatılmış

225 g / 8 oz / 11/3 su bardağı pudra şekeri (şekerleme), elenmiş

30 ml / 2 yemek kaşığı süt

Tereyağı veya margarini köpürene kadar çırpın. Yavaş yavaş pudra şekeri ve sütü iyice birleşene kadar karıştırın.

Pasta için çikolatalı krema

20 cm'lik pastayı doldurmak ve kaplamak için uygundur / 8

30 ml / 2 yemek kaşığı kakao (şekersiz çikolata) tozu

15 ml / 1 yemek kaşığı kaynar su

100 g / 4 oz / ½ fincan tereyağı veya margarin, yumuşatılmış

225 g / 8 oz / 11/3 su bardağı pudra şekeri (şekerleme), elenmiş

15 ml / 1 yemek kaşığı süt

Kakaoyu kaynayan suyla karıştırıp soğumaya bırakın. Tereyağı veya margarini köpürene kadar çırpın. Yavaş yavaş pudra şekeri, süt ve kakaoyu pürüzsüz hale gelinceye kadar karıştırın.

Beyaz çikolatalı tereyağlı krema

20 cm'lik pastayı doldurmak ve kaplamak için uygundur / 8

100 g / 4 oz / 1 bardak beyaz çikolata

100 g / 4 oz / ½ fincan tereyağı veya margarin, yumuşatılmış

225 g / 8 oz / 11/3 su bardağı pudra şekeri (şekerleme), elenmiş

15 ml / 1 yemek kaşığı süt

Çikolatayı ısıya dayanıklı bir kapta kaynayan suyun içinde eritin ve biraz soğumasını bekleyin. Tereyağı veya margarini köpürene kadar çırpın. Homojen bir karışım elde edilinceye kadar yavaş yavaş pudra şekeri, süt ve çikolatayı ekleyin.

Kahve Tereyağı Krema

20 cm'lik pastayı doldurmak ve kaplamak için uygundur / 8

100 g / 4 oz / ½ fincan tereyağı veya margarin, yumuşatılmış

225 g / 8 oz / 11/3 su bardağı pudra şekeri (şekerleme), elenmiş

15 ml / 1 yemek kaşığı süt

15 ml / 1 yemek kaşığı kahve esansı (ekstresi)

Tereyağı veya margarini köpürene kadar çırpın. Homojen bir karışım elde edilinceye kadar yavaş yavaş pudra şekeri, süt ve kahve esansını ekleyin.

Limonlu tereyağlı krema

20 cm'lik pastayı doldurmak ve kaplamak için uygundur / 8

100 g / 4 oz / ½ fincan tereyağı veya margarin, yumuşatılmış

225 g / 8 oz / 11/3 su bardağı pudra şekeri (şekerleme), elenmiş

30 ml / 2 yemek kaşığı limon suyu

1 limonun rendelenmiş kabuğu

Tereyağı veya margarini köpürene kadar çırpın. İyice birleşene kadar yavaş yavaş pudra şekeri, limon suyu ve kabuğunu ekleyin.